本命から100％溺愛される、

LOVEテクニック

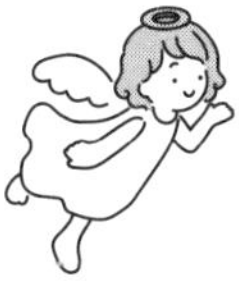

男心のトリセツ

男心専門
恋愛カウンセラー
晴人

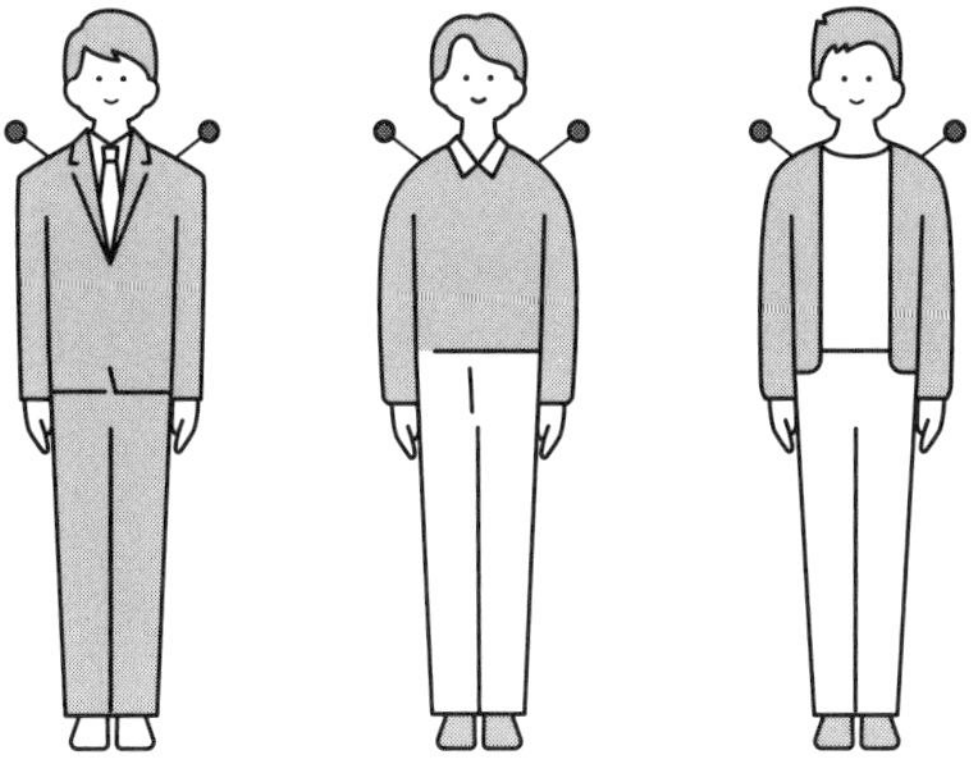

KADOKAWA

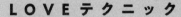

はじめに

「男心って、どうしてこんなに難しいの？」

「上手くいっていると思っていた彼が、突然の音信不通で……」

「ＬＩＮＥも会う回数も減っていて……」

「もう諦めていたのに突然、『今日会える？』って誘いが来て……」

「彼の言葉に流されていたら、また結局してしまいました……」

「**結局のところ、彼は私のことをどう思っていますか？**」

「**私のこと、好きですか？**」


僕はこれまでに男心専門恋愛カウンセラー兼占い師として、こういったご相談に13年間、約４万人の方と一対一で向き合い、解決に導いてきました。

僕はもともと、公園や広場などで道行く方々の恋愛相談を路上で受けるところからキャリアをスタートさせています。

僕が男性だったこともあり、「男心専門」の恋愛相談屋さんとして、連日たくさんの方とお話をさせていただきました。

相談者様の年代やバックグラウンドはまさに十人十色。

今では僕も、カウンセリングルームやオンラインでのお話がメインになってきましたが、当時はというと、相談相手の方はカウンセリング慣れしている人から、たまたまそのときの気分でふらりと話しかけました、という方まで本当にさまざまいらっしゃいました。

まさに生きた、「リアルで生々しい悩みのオンパレード」状態。

相談者様の悩みに対して寄り添い、**実践的かつ具体的なアドバイスを返してきた僕はここで鍛えられ、恋愛にまつわる知見を深めていったのです。**

今も昔も、悩みを打ち明けてくれた皆さんはとてもステキな方ばかりです。

お仕事で活躍なさっている方も、著名な方もたくさんいらっしゃいました。
そして、今本書を読んでいるあなた様も、きっとステキな女性なのでしょう。

ただ、なぜか、どうしても恋愛だけは上手くいかない。
そのような悩みを抱えていらっしゃる……。

それはなぜか?

本書では、プロの男心専門恋愛カウンセラー・占い師として日々対話と実践を重ねるなかで4万ケースに及ぶ恋愛相談を聞きながら、僕自身が学び、体感してきたリアルな知恵を、「**本当の男心学**」としてまとめました。
僕なりのアンサーとして、この1冊にすべて詰め込んでいます。

これ以上、あなた様に男心で悩んでほしくないから。
彼に合わせすぎず、我慢せず、飾らず、**あなた様のままで幸せになれる**と気づいてほしいから。

安心してください。必ずあなた様は幸せになれます。

本書を読めば、次のことが体得できるでしょう。

①男心の本質がわかる。
②彼に対する行動、言葉のOKとNGポイントがつかめる。
③本命の彼との結婚、復縁への進み方がわかる。
④今の自分が男心スキルをどこまで身につけているかを自分で確認できる。
⑤本当の自分のまま愛され、幸せになることができる。

男心には法則があります。
それを知ることで、心が軽くなり、悩むことも不安になることもなくなり、
誰でも幸せになれるのです。

大切なのはまず男心を知ること、学ぶこと。
それを実践し、手ごたえをつかむこと。

それがあなた様の自信となり、どんな相手でも不可能はなくなります。

この世界から1人でも多く、男心を知り、自分を知ることで幸せになる女性を増やせないかと思い、本書を書かせていただきました。知識を身につけて、恋愛と前向きに向き合っていけるあなた様になれますように。


心の準備はよろしいでしょうか？

ここからは、本書でお伝えしたいことをちょっとだけ。

男心を学ぶ理由は、彼とあなた様の「本音」に気づくため

最初に、知っておいてほしいこと。

「なぜ男心を学ぶ必要があるのか？」ということです。

それは、**男心を知ることで、彼はもちろん、あなた様自身の「本音」もあなた様が気づけるようになるから**です。

お互いの本音がわかることで、あなた様も彼も、幸せになれます。

僕が鑑定させていただいた多くの女性は、彼の求めている行動や男性心理とは正反対の方向へとまっすぐに突き進んでいました。その結果、彼の心も、あなた様自身の心までも見えなくなってしまわれている……。

そうなってしまうと、あとでどう方向転換しようとしても難しいのです。

お互いの心が通ってこそ、真実の愛が育まれます。

彼だけでも、あなた様だけでも、どちらか片方だけではいけないのです。

そうならないためにどうすればいいか。

男心偏差値を上げることでそれを回避するしかありません。

男心偏差値を高めるだけで、あなた様は幸せになれる。

そのためにはただ知ればいい。

男心は父親や周りの男性から学ぶこともできます。ただ、家庭環境や最初の恋愛から正しい男心に触れることができなかった場合、改めてそれを学ぶ必要があります。

あなた様は決して悪くない。

知るべきことを学ぶだけ。

男心を学ぶことで男心偏差値が上がる。

すると、相手のことはもちろん、あなた様自身のこともより一層深く理解できるようになります。

そうすればあなた様がこれ以上自分を否定することも、魅力がないと落ち込む必要もなくなるのです。

本書を何度も読み込み、自分の心に焼き付けていくことで、自然に男心をつかむ所作ができるようになったら、あなた様はきっと自分のことも好きになっているはずです。

ステキな恋愛を手に入れることは、自分自身を知って好きになることでもあるのです。
さあ、今までの自分を脱ぎ捨てて、男心を知る旅に出かけましょう。

2025年2月

男心専門恋愛カウンセラー　晴人

目次

第1章 すべての男心は〝消耗品〟である

第2章 デートを制す！ デートは採用試験じゃない、彼は面接官じゃない

第3章

男心を振り向かせるＬＩＮＥ術

第4章

男のロマンをくすぐる！モテる女は「袋とじ女」

第5章

彼との距離をぐっと縮める！会話とボディタッチ

第6章

このままでは終われない！起死回生の復縁術

装丁・本文デザイン　池田香奈子
イラスト　Adobe Stock
本文ＤＴＰ　エヴリ・シンク
校正　山崎春江、あい
編集協力　佐藤玲美
編集　大井智水

第1章

すべての男心は〝消耗品〟である

男心は消耗する？

女性に女心があるように、男性にも男心があります。

特に本書では恋愛における男心を紹介していきますが、それは恋愛時に抱く男性特有の心の動きのことで、感性や考え方だと思ってください。


そして、この男心。最初に最もやっかいな特徴をお伝えします。

それは、**「すべての男心は消耗品である」**ことです。

どういうことかというと、**男心は男性自らが自家発電しようと思わない限り、減っていくもの**だということ。

最大級に恋が燃え上がり、相手に対してときめきを感じて、まさに恋愛真っ最中！　というとき。男心はＭＡＸに活性化している状態だと言えるでしょう。

しかしこの男心、**そのままだと時間とともに減ってしまいます。**

大事なのは、男性自らに自家発電させる必要がある、ということ。女性が動かそうとすることはできない、ということです。

ここを勘違いしてとらえてしまい、なんとか女性の力で男心を動かそうとすると、逆効果になります。

例えば、あなた様は、好きだからこそ彼に何かをしてあげたいと思うとします。けれど、あなた様が何かをすればするほど、彼は受け身になっていくのです。自ら男心を燃やそうという気持ちにならないため、あなた様へ抱く男心はただただ消耗されてしまうわけです。

つまり、彼の男心を動かそうと彼に尽くせば尽くすほど、彼の男心は消耗されていってしまうのです。

では、消耗されていく男心を食い止め、消耗するのではなく増やすにはどうすればいいのか。

その方法は3つあります。その3つの方法を伝授いたします。

男心を消耗させない方法①

彼を「自由」にさせない

「どういう人なのか知りたい」「好きだな、もっと会いたいな」と彼の男心を揺り動かすために大事なことの1つ目は、彼を自由にさせないこと。

（好きな）彼のためになんでもしてあげちゃうという方は、カウンセリングに来てくださる方のなかでもたいへん多くいらっしゃいます。

彼が好きで、彼のために何かしてあげたい、彼がどう思っているか知りたい、彼が求めていることにはすべて応えてあげたいというような「尽くしたい」気持ちを持っている方が多いのですよね。

でも、ここに落とし穴があります。

「**尽くせば尽くすほど男心は消耗される**」わけです。

「いろいろやってあげているのに？」って思うでしょう。これにはちゃんと理由があります。

なぜかというと、**男はズバリ永遠の小学5年生のままだから。**

男というのは何歳になっても単純な生き物なわけです。

男は永遠の小学5年生

まず、小学5年生の男の子を思い浮かべてください。

小学5年生の男の子を集めて、先生が「みんなの喜ぶ顔が見たいから明日から夏休みにします」と言ったら、みんなどうするでしょう?

まずはみんな喜びますね。「明日から学校に来なくていいし、宿題しなくていいし最高じゃん」となります。けれど、そこから10日経って、2週間経って、1カ月経った頃、子どもたちは夏休みを満喫しているでしょうか?

皆さんも幼い頃を思い出してみてください。楽しかったのは最初の1週間くらい。プールや公園で遊んだり、アニメを観たりゲームをしたりと休みを満喫しますが、２週間経って１カ月経つと、それも飽きてしまうのはあるあるです。

つまり、自由が簡単に手に入ると１日１日を大切にすることができなくなってしまうんですね。簡単に手に入ってしまうと、それをありがたがるどころか、ダラダラ無駄に過ごしてしまうんです。

さらにそこで、先生が「みんなダラダラしているから、学校を再開します」と言ったらどうなるでしょう？　「なんでだよ。今さらなんで、学校に行かなくちゃいけないんだよ？」ってみんなが不満を口にする姿が目に浮かびますね。

自由を簡単に手に入れてしまったから、それを取り上げようとすると反発するわけです。

これは、恋愛でも全く一緒です。

つまり、彼の言うことを聞いて、いつでも自由にしてあげること、例えば、会いたいときに会ってあげるとか、彼の求めているものをいつでも与えて彼を自由にしてあげると、彼はいつの間にかそれに感謝するどころか、慣れていく。**あなた様を大切にしなくなるし、その状態を求め続けるわけです。**

釣りにたとえてみるとわかりやすいかもしれません。

釣りに行って何も工夫せずに魚が釣れたら楽しいでしょうか。工夫することなく、釣り針を垂らすだけで釣り放題だったら、なんの面白みも感じないですよね。

反対に、なかなか釣れないとしたらどうでしょう?

自分だけの穴場スポットを探してみるとか、餌の種類や付け方を変えてみるとか、時間をかけて自分のこだわりを1個1個掘り下げて、なんとか釣れる方法を模索し続けるでしょう。

そうやって時間をかけて釣れたときの喜びはひとしおです。

つまり、恋愛でも男心は、手に入れた喜びが大切なんです。

「男は能動的に動いたときに男心を燃やすことができる」

それがないとあなた様を大切にできなくなってしまうわけですね。

街頭で配られるティッシュ女にはなるな

あなた様自身のこととして考えてみましょう。

街頭でティッシュを配っていました。別に欲しいわけでもないけれどティッシュを受け取ってバッグに入れます。

さて、家に帰ったときにティッシュをもらったことを覚えているでしょうか？　まぁ、まず覚えていないし、もらったことに対して感謝の気持ちもありませんよね。

それとは別に花粉症の時期に、ドラッグストアに行ってティッシュを購入したとします。家に帰ってきたときにそのティッシュを購入したことは当然忘れていないですよね。

街頭でもらったものも、ドラッグストアで購入したものもどちらも同じティッシュなのに、扱いがこんなにも違うわけです。

いつでも手に入る無料のティッシュと、ドラッグストアに行ってお金を払わないと手に入らないティッシュでは、大切にされている度合が全く違う。

これって、あなた様に対する男心と一緒なんです。

つまりは、**彼を自由にさせない。あなた様は街頭で配られるティッシュにはなってはいけない**んです。

あなた様はドラッグストアで購入するティッシュにならなくてはいけない。

簡単に手に入る存在になってはいけないということなんです。

男心を消耗させない方法②

彼に「情報」を与えすぎない

好きな人や気になる人と少しでも長い時間一緒にいたいと思うのは当然のこと。職場なら休憩時間やランチタイムなど、2人きりになれる時間があったり、一歩進んで2人で、もしくはグループでご飯に行く機会もあったりするかもしれません。

そんな一緒にいる時間の対応次第で、あなた様に対する男心を掻き立てることができるし、すり減らすこともできてしまうんです。

言葉を交わす関係性になったときに大切なのは、情報を与えすぎないこと、このお話をさせていただきます。

男は今も昔も狩猟民族

最初に、彼を能動的にさせることが大事だという話をしました。

なぜなら、**男は今も昔も狩猟民族**であるためです。

原始時代から男は狩りをして生きてきました。狩りを成功させるためには、マンモスやクマといった獲物の生態や性格を知らなければいけません。

獲物がどういう動きをするのか、どんなときにスキができるのか、それを知ったうえでどう狙えばいいのか戦略を立てるわけです。

その情報が集まれば集まるほど、より正確に獲物を仕留めることができるわけですね。だからこそ男は、自分たちの生存本能を燃やし、刺激し続けながら生きてきたわけです。

そして**獲物を仕留めることによって、男社会という群れのなかで優越感を感**

じることができるし、それが男の価値を決めると、本能的に刷り込まれているわけです。

原始時代、マンモスのほうからみんなが住んでいる洞窟にやってきて「お肉です。仕留めてください」と近づいてきたら、狩猟本能は刺激されない。いつでも獲物が手に入るならば、どんどん自堕落な生活になっていくことでしょう。

その本能は現代にも受け継がれています。例えば、ロールプレイングゲームって男はだいたい一度はハマったことがあるはず。『ドラゴンクエスト』や『ファイナルファンタジー』『ゼルダの伝説』……など女性でも知っているゲームは多いでしょう。

なぜ、男性がハマりやすいのかというと、ズバリ、先が読めないからです。

この先何が起こるかわからない。

いつどこからどんな敵が現れるかわからないというスリルがあるんです。

そのドキドキで生存本能が掻き立てられるわけです。

それが簡単にクリアできてしまったら、誰もロールプレイングゲームなんてやらないでしょう。

簡単に手に入らないということはとても大事なのです。

この知識を恋愛に生かすために、**あなた様も彼に情報を与えすぎないことを心がけていただきたい**のです。

「なんだこのコは!?」男の妄想を掻き立てる〝読めない女〟

では、情報を与えすぎない会話とは、どのような会話になるのでしょうか。

結論からいうと、**彼から見て、〝読めない女〟**になってほしいのです。

あなた様の発する言葉の意図を見失って困惑するような、**時々行方不明になる女になってください**。

「なんだこのコは。何を考えているかわからない！」と思わせたらＧＯＯＤです。

例えば恋愛の話になったときに、「今まで付き合ったのは何人？」「どんな彼だったの？」「今、好きな人はいるの？」なんて聞かれたときに、「やさしい人はいるけどね……」のように**会話や言葉をズラして、すべてを語らない**。

そうすることで、男の妄想は掻き立てられるわけです。

男の行動や言葉を「止める」「ズラす」ことによって、読めなくさせる。

これが男心を消耗させないためのキーワードです。

他にも、「休みの日に何をしているの？」と聞かれたとしましょう。

休日はお昼すぎまで寝ていて、起きてもパジャマのままゲームをしてダラダラ過ごしているって正直に答えてしまうと、男は燃えないし萌えないわけです。

その**答えから、あなた様の行動パターンが読めてしまう**んですね。

実際はどう過ごしていたっていいんです。ダラダラしている日だってあります。それは男もそうだし、僕もそうです。

ただ、**プライベートの情報を与えすぎない**ことによって、あなた様の価値は上がっていくんです。

例えば、「誰とは言えないけれど、お酒を飲みたくなるときもあるよね」「休日はいろいろ忙しいよ、何をしているかはみんなには内緒だけど」とかそんなふうに煙に巻くと、「何、それ？」ってなるわけです。

ますます知りたくなってくるわけです。

そして、彼が知りたがっても「じゃあ、今度また話すから」って、次回に持ち越してみましょう。

わざと彼の前から行方不明になる

内緒にしていることはなんだっていいのです。

「家ではポテトチップを1袋なんて、ペロリだよ」なんてことでもいいんです。

「なんで隠すんだろう？」「なんで含みを持たせるんだろう？」と彼の頭を妄想でいっぱいにさせているうちに、「ちょっとメイク直し」なんて言って、席を5分空けてみてください。

その間に彼の妄想はピークを迎えるでしょう。

そして、席に戻ったら、話題をさっと変える。

「○○君は、休日何をしているの？」と逆に質問をしてみましょう。

結局、あなた様の情報は与えないということがとても大切なのです。

それが、彼の心の導火線に火をつけることになります。

狩猟民族としてあなた様を手に入れたいという気持ちを育てること。

つまり彼の「知りたい」という欲求に時間と労力をかけさせることが大切です。男性の心理として、時間と労力を使った分を回収したいと思うようになります。

もう1度会いたいと思うこの心理のことを、心理学では「サンクコスト効果」と呼びます。

それだけの時間や労力をかけると、そのあと何かメリットがなくてもこれまで時間や労力をかけたことがもったいないから、なんとか回収しようと同じ行為を続けてしまうというのがサンクコスト効果です。

自分の情報を小出しにしつつ、与えすぎないことによって、相手のサンクコスト効果を刺激し、狩猟本能を駆り立てるわけです。

男心を消耗させない方法③
彼に「時間」を与えない

3つ目のキーワードは、彼に**時間の余裕を与えるな**ということ。いつでも会える状態を回避することが大事です。

そのためにまずは、**会わないときに連絡をしすぎない**、を意識してください。会っているときはフレンドリーに接していいんです。例えば彼にごちそうになったとか、彼のほうがちょっと多めにお金を払ってくれたとしたら、その夜のうちに「今日はありがとうございました。ごちそうさまでした」などの連絡を入れる。

大切なのはそのあとです。そのあとは、**あなた様から連絡をせず、彼を放置してあなた様は行方不明になってほしい**わけです。

彼はいま、すごく楽しい時間を過ごせたなという余韻に浸っています。お礼の連絡も来ているし、感触は上々。また会いたいという気持ちは高まっている。それなのに、なぜかあなた様からの連絡がプツッと途絶えて、あなた様は行方不明になってしまった。

そうすると、彼はめちゃくちゃ気になる。

ますます会いたいなと思うでしょう。

そして彼が「次、いつ会える？」「来週はどう？」と誘ってきたときが、今回の本題です。

すぐに時間を合わせないことが、とても大切です。

「いつでもOK」と尻尾を振るのではなく、「2週間後なら空いているけれど」みたいにちょっと先延ばしにするわけです。

そうすると、「俺に会えない来週は、何をしているの？」と彼は知りたくなるでしょう。

5回に1回は彼の誘いを断る

僕は今まで4万件以上の鑑定をしてきました。
その経験からすれば、**彼からの誘いは5回に1回の頻度で断って大丈夫**です。
5回に1回は断る。
そして、あとの1回は時間変更をお願いするのもいいでしょう。

時間変更というのは、例えば、夜の7時に約束したけれど、「ごめんなさい、7時半になっちゃいます」とか「仕事終わりが8時になるので、ちょっとしか会えないんだけど大丈夫かな」というような調子です。

直接会うことだけでなく、LINEのやり取りでも同じです。
彼から「今日会える?」というLINEが来たとします。

あなた様の好きが勝ってしまうと、なんとかして会おうとやりくりして「会えるよ♡」なんて即レスしてしまいがち。突発的に会えるチャンスに舞い上がってしまうんですね。

そうすると彼はラクしてあなた様を手に入れた気持ちになってしまう。彼はいつでもこの人に会えるんだと安心し、狩猟本能での興味を失ってしまうんです。

あなた様に対する男心を消耗してしまうんですね。

ですから、「今日の夜、会える？」とＬＩＮＥが来たら、「もうお風呂に入っちゃったから無理」とか「明日早いからまた今度」と断りましょう。

手に入りそうで手に入らない状況を作り出すことがとても大切です。

鬼ごっこ婚活から学ぶ、「手に入りそうで入らない」快感

心理学的にいうと、こういった状況を「間欠強化」と呼びます。
いつでも確実に手に入る状況より、時々手に入る、つまり時々あなた様に会えるほうが、快感が大きいということなんです。

男からすると、その快感の高まりを何度も味わいたくなるわけですね。そうなるとこっちのもの。あなた様にどんどんハマっていくという状況を作り出すことができるんです。

「彼を自由にさせない」の項目で男心は小学5年生のままというお話をしましたが、ここでも小学5年生の行動で考えるとわかりやすいかもしれません。

男子たちは休み時間、鬼ごっこやかくれんぼをして過ごしています。彼が鬼

だとして「もういいかい」「まぁだだよ」のラリーのあと、「もういいよ」で、パッと振り向いたときにあなた様が見える位置にいたとしたら、それは鬼として面白いかって話なんです。

いつでも簡単に捕まえられるところにいたら、狩猟本能は駆り立てられないわけです。

男は獲物を追いかけたい生き物。それにもかかわらず、鬼になった彼を疲れさせてしまうので可哀想だと思い、すぐに捕まえられる状況を作ってしまうのは、彼の男心を消耗させる原因となってしまうわけです。

鬼ごっこやかくれんぼをちゃんとしてあげることが大切で、男心を消耗させないキーワードの1つです。

余談ですが、最近は「鬼ごっこ」をする婚活というのもあるんですね。自衛隊の婚活パーティにも採用されていると話題になりました。これは一般公募で集まった女性と自衛隊員の男性が鬼ごっこを通じて仲良くなるイベントです。

このイベントはものすごく盛り上がって半分近くがカップル成立となったそうです。すごいイベントだなと思うのですが、まさに男は追いかけたい生き物なのだということがよくわかりますよね。追いかけて捕まえることによる高揚感が増すことで、カップルが成立する可能性が高くなると。


女性はなかなか捕まらないほうがいい。まさに「間欠強化」です。

会ったときは、すごくいい時間になるようフレンドリーに。

ただ、別れるときはあっさりと。

送ってもらわないほうがいいし、その後のＬＩＮＥとかはあっさりとしていたほうがいい。次に会うのも２週間くらい時間を置いたほうがいい。

「離れていても心はつながっている」みたいな状況を作らないようにする。

すぐに連絡を返してしまうことは、手をつないで鬼ごっこをしているようなものなので、鬼ごっことして成立しないんですよね。

未来を彼に合わせない

時間に関するやってはいけないことがもう1つ。

それは、**未来の話になったときに、自分の人生を彼に合わせて計画する**こと。

付き合う前でも付き合ってからでも、これをしてしまうと「この女性って、他人の人生に合わせられるほど暇なのかな」って男は思ってしまうんですよね。

暇だと思わせていいことは1つもありません。

同じように、彼のＳＮＳの投稿に毎回すぐに反応するのもよくないでしょう。

彼がアップしたストーリーをすぐに見たり、「いいね」するのはＮＧです。

これをされると、この女性には頑張らなくても会えるし、いつでもつながれるから、後回しにしてもいいやと、男心が消耗していく原因になってしまいます。

彼のＳＮＳは見ていないふりをせよ

彼の情報を仕入れるためにＳＮＳを見ること自体はかまいません。けれど、**見ていないふりをする**ことが重要です。すべての投稿に「いいね」をつけるのもやめて、彼のＳＮＳの投稿を話題にするのも２つくらいに留めておきましょう。３つも４つもネタにすると「この女性は俺のＳＮＳを全部見ているのかな」「ちょっとストーカー気質なのかな」という不安も頭をよぎってしまうんです。

あなた様は純粋に彼のことを思って、彼に一途な思いがあるだけなのに、誤解を招いてしまうなんてすごくもったいないですよね。会えないからこそ距離が縮まり、２人は近づいていくんだっていう意識を持っていただきたいと思います。**恋愛とは大人のかくれんぼ、鬼ごっこである。**簡単に捕まらない、簡単に見つからないようにしてみてください。

第2章

デートを制す!
デートは採用試験じゃない、
彼は面接官じゃない

デートを成功させる、確かな法則

気になる彼とのデートってドキドキしますよね。例えばアプリをきっかけにマッチングして、初めて会うとなったときや、配信やゲームで知り合って、2人で会いましょうということがあると思うのですが、いざ会うとなったら、すごく緊張すると思うんです。

会うと上手く話せないし、私には取り立てて自慢するほどの取り柄もないし魅力もない。でも、彼はすごく魅力的でモテる人……「そんな彼とどうしたら仲良くできますか？」というご相談が、とても多く寄せられるのです。

ご安心ください。**どうすればデートが上手くいくかという確かな法則がある**ので、それをここでお届けしていきます。

押さえておきたい男心「すべての男は繊細である」

まず、デートを成功させるキーワードとして「すべての男は繊細である」ということを知っておきましょう。

あなた様に会うとき、彼も実は緊張しているんです。

楽しみにしつつ、緊張しているんですね。


なぜ断言できるのか説明しましょう。男性の多くは会社での役職や立場で発生する上下関係のように、さまざまな縦社会のなかで生きています。

日々、そのなかにいると疲れ切ってしまうので、女性に会うときは、そういう社会的にかぶっている仮面を脱ぎたいという思いがあるわけです。

女性と会話することで癒されたい、リラックスしたいと思う反面、「そんな自分を受け入れてもらえるのか」という不安も持っています。

そのような思いが緊張となって、その思いを抱いたままあなた様に会いに行くわけです。

彼も緊張している。そこに、あなた様も同じようにガチガチに緊張して一言も喋《しゃべ》らないとなったら、2人の会話は盛り上がりにくい。

彼はあなたに癒しを求めに来ている可能性が高いとすれば、まずはあなた様のほうから歩み寄ってみましょう。

「私、緊張しています」で先手必勝の自己開示

どうすればいいのかというと、いい方法があります。

単純な話ですが、**彼が仮面を脱ぎたいと思っているのだから、あなた様のほうから先に仮面を脱いであげて、彼を安心させる空気を作ればいい**のです。

そのようなときに知っておきたいのが、「言葉で仮面を脱ぐ」という方法です。

実際にありそうな次の会話のシチュエーションを用意しました。


彼があなた様との出会いの場所としてオシャレなレストランを予約していたとします。普段、あなた様は全然飲まないけれど、珍しいワインが飲めるお店の個室に案内されるシチュエーションだとしましょう。

まぁ、緊張するパターンですよね。慣れていないんですから。

あなた様の心と身体は緊張している。

その状況を素直に彼に言ってしまいましょう。


「私、こういうところは初めてで緊張しています」

「今まで一対一で男性の方と話す機会があまりなかったので、上手に話せるかちょっと自信がなくて」


というように、素直な気持ちを言葉で伝えてしまいましょう。

すると、彼も「そうなんだ、実は俺もそうなんです。でも、そんなに固くならなくて大丈夫。ちょっと会いたかっただけだから」って、彼も素直になれるし、お酒なんか飲まなくても気持ちがほぐれるわけです。

緊張しているあなた様のことを「可愛い」とも思うでしょう。

怖いなら怖いと伝える。
慣れていないなら慣れていないと言う。

この素直さで1つポイントが獲得できるわけです。

彼の心を鷲掴《わしづか》みにする第一歩となります。

そのあとの会話では、**共通項を発見していくことが重要なポイント**になります。共通項は心理学的な言葉でいうと「**類似性の法則**」というのですが、人は共通の趣味や話題を見つけると「この人と自分は似ているんだな」と、打ち解けやすくなる可能性が高いんです。

そのときに、1つ覚えておいていただきたい法則があるのですが、それは、「**相手に関心を向けすぎない**」ということ。

仕事の話は深掘りしない！ 皆、苦労と責任を背負って頑張っている

「何を言っているの、相手に関心を向けるべきでしょ」と突っ込んだ方、お笑い番組の影響があるかもしれませんね。もちろん、相手に関心を持つのはいいのですが、**持ちすぎないほうがいい**ということです。

なぜかというと、最初にお伝えしたように、「すべての男は繊細」だから。

男性に限らず、日ごろの仕事などで、ストレスを抱えている方は多いもの。仕事で上手くいかないこともあるし、嫌味な上司や生意気な後輩など人間関係にも疲弊しているかもしれません。そして、あなた様が彼のことを知りたいと

思うと、やはり話題の中心が「どういうお仕事をしているんですか?」になっていく可能性が高い。そして、仕事の話を聞いていけば、どんどん「それは大変ですね」「辛いお立場ですね」という会話になっていくわけです。

そうすると彼は、「(後輩は)言うこと聞かないしさ……」「俺が新人の頃は……」なんて、愚痴のオンパレードになるわけです。これでは、学生時代の恋愛トークのような盛り上がりは全く期待できません。

つまり、今の仕事の状況に納得して自信がみなぎっている男性なんてなかなかいないわけです。だから、仕事の話を広げれば広げるほど、自分の自信のなさを露呈することになるし、「そこを掘り下げられてもね……」という感じになっていく可能性が高い。

大事なのは、仕事の話を深掘りしすぎないこと。

あなた様にももちろん苦労があるでしょう。皆そうなのです。

ここはぐっと相手に思いやりを働かせて、「私には想像ができないような、たくさんの苦労と責任を抱えながら頑張っているのですね」と程よい距離感で背中を押してあげるくらいがいいでしょう。

仕事の話の代わりに、**相手の関心事に話題を振ってみましょう**。できれば、彼に会う前に2〜3個程度、彼の情報を仕入れておくといいですね。

例えば彼がSNSをやっているなら、それをチェックして、いくつか情報を仕入れておきましょう。

海に行った画像を投稿していたなら「そういえば、この前、海に行ってましたよね？　たまたまインスタで流れてきたんです。なので、海が好きなのかなって思って……」というように話を振ってみる。

彼が関心を持っていることをリサーチしておいて話題を振っていくんですね。

「お寺とかよく行きます?」突拍子もない返答でじゃれ合う

「実はドライブが好きで」となったら「全然そういうふうに見えないですね。どこに行くんですか? お寺ですか?」のように話を振ってみる。

「お寺」など、**少し突拍子もない答えを突然会話のなかに混ぜるのも、会話のテクニックの1つです。**会話が楽しく広がることがあります。

彼は、「どうして突然、お寺⁉ どんなイメージが俺にあるの……? 座禅中に肩叩《たた》かれてそう?」などとちょっと困惑しながらユーモアや茶目っ気を交えて返事をしてくれるかもしれません。**彼の得意分野に沿いつつもじゃれ合いのすき間を作ると、会話ってどんどん広がっていくん**ですね。

彼の得意分野に沿うときのコツは、相手と似ているところをどんどん見つけていくことです。例えば、彼がＳＮＳをやっていなくてゲームや配信で知り合った場合は、「あのゲーム、面白いですよね」とか、「あの配信でこんな話をしていましたよね、あれ私、すごく好きで……」というように、彼の嗜好《しこう》に寄せていくんです。これを類似性の法則と呼びます。

同じようなサークルに入っていたとか、共通の友人が同じようなところに住んでいたとか、地元が近いとか、きっといろいろあるはずです。

地元が近いなら方言で話したら盛り上がるかもしれません。同じ話題で盛り上がれることで親近感が湧くし、同じような価値観を持っている人だと思えれば、会話も弾むし楽しい時間を過ごすことができるわけです。

「私だけが見つけられた、彼のいいところ」で急接近

会話でじゃれ合うときに「褒め言葉」は必殺技とも言えるでしょう。

気がつくといつも目で追ってしまう。彼の好きなところがどんどん増えてい

く。そんな自分の心の奥底にある恋心をそのまま眠らせるなんてもったいない！

彼に対する観察力なら誰にも負けないというあなた様に、取っておきの方法をお伝えします。それは、「**あなた様独自の褒め言葉を作り、誰よりも印象に残る話しかけ方をする**」こと。

ここからは好きな彼が同じ会社の先輩だった場合を仮定して例を出していきますが、アプリで出会った彼でも年下の彼でもやり方は一緒。敬語をフランクな言葉にくずすなど、関係性によって言い方を変えることで応用が可能です。

男は「思い出し褒め」にとことん弱い！

誰も気がつかないような部分を見ていてくれる人がいて、褒められてイヤな気分になる男はいません。

そして、特に効果的なのが「思い出し褒め」です。例えば……。

「○○さんが部長に怒られているとき、さり気なくフォローしていたのを見て、さすがだなと思いました。**そういえば○○のときも、**みんながパニックになっているのに、1人だけ冷静でしたよね。それを見てとても頼もしかったです」

「**あのときの一言、すごく心に響きました。**耳の痛いことも、自分が嫌われたとしてもちゃんと伝えていらっしゃるのは愛だと思います。きっと彼女に届いていますし、少なくとも私は感動しました。○○さんがいるだけで、みんなが間違いなく明るくなっています」

このように、少し前のことを持ち出して話しかけるのも、相手に印象を残すいい方法です。**あとから思い出すくらい強く印象に残った、というのはとても嬉しいもの。**彼が会話を楽しんでいるのがわかると、きっとあなた様も嬉しくなるでしょう。デートはどんどん盛り上がっていくはずです。

「彼とのデートが採用試験のように思えて楽しめない」とき

時々カウンセリングで、このような質問が入ることがあります。

「晴人さん、上手くいかないです。そんなに盛り上がれる自信がないです」

そこで次は、「**彼とのデートは採用試験じゃない**」ということをお話ししましょう。

どうしても採用試験みたいに思ってしまう。彼を面接官のように思ってしまって、なんであんなことを言ってしまったんだろう、絶対引かれてしまった……など後悔することもあるかと思います。

そこで、後悔してしまう気持ちに対しての処方箋《しょほうせん》です。

「**エビングハウスの忘却曲線**」という法則をご紹介しましょう。

これは、人は1カ月後には79％の出来事を忘れてしまう、という法則です。

人は復習しないと1カ月後には学んだことの79%を忘れてしまうし、覚えていようとしないと1カ月後には21%しか覚えていないということなんです。

大学受験のときに塾の先生に頻繁に言われてきた人もいるかもしれません。だから塾では、復習は大切だということを言われるのですが、恋愛においてはこれを逆手に取ればいいんです。

挽回のタイミングは1カ月後！

あなた様がやらかしてしまい、彼の顔色が曇ったとしても、このエビングハウスの忘却曲線でいくと1カ月後には80%程度忘れています。

つまり、もう一度仕切り直すことができるのです。ですから、**失敗しても1カ月の時間を空けてから「また会いたいです」と連絡をしてみましょう。**

1カ月後には「そんな話、したっけ？」っていう状況になっていることも多いので、自分からはその話を持ち出さず、違う話題に持っていけばいいんです。

これって、声を大にして伝えたいことの1つ。**あなた様はすごく気にしたり悩んだりしていても、相手は忘れているケースが多い**のです。

「取り返しのつかないことを言っちゃいました。絶対に嫌われました」って言うけれど、**「1カ月後に普通に話せました」という報告や「復縁しました」という結果になることも実際にたくさんあるのです。**

僕は実際の鑑定でそういった成功例をたくさん見てきたので、あなた様も大丈夫です。何かをやらかしてしまっても、1カ月後に挽回《ばんかい》する気持ちで前向きにお過ごしいただけたらと思います。

デートで最高評価を残す、「印象操作の心理学」

さて、ここまでに会話術を中心にご紹介をしてきました。ここから先はさらにコミュニケーションのコツを深掘りしてお伝えしたいと思います。

デートの成否は会話の内容がすべてではありませんが、面白い話ができないことや、話題がないことに悩む方はたくさんいらっしゃいます。

そこで、あなた様に知っていただきたいのが「**メラビアンの法則**」です。

これは、第一印象で好印象を持たれるためには、会話は7％しか影響を与えないということ。実は、**第一印象を決めるのは、会話以外の耳から入ってくる情報が38％**なんです。会話以外の耳から入ってくる情報というのは、声の大きさやトーン、受け答えの仕方などが入ります。

そして、残りは視覚情報です。**笑顔や身振り手振り、相槌《あいづち》などの視覚情報が印象の55％の要素を占める**というのがメラビアンの法則です。

なので、会話に自信がない人は、とびっきりの笑顔で相槌を打つこと。そして、なるべく相手と目を合わせるというアイコンタクトを大切にしましょう。

どれくらいの笑顔を意識してほしいかというと、〝電柱にも笑顔〟くらいの気持ちで挑みましょう。街中の電柱に微笑みかけている人を想像するとかなり不気味ですが、男性の結婚したい女性の職業として常に上位に挙がるＣＡさんは、荷物の上げ下ろしのときも、通路を歩いているときも常に笑顔です。笑顔の練習をマニュアルに入れている会社も珍しくありません。

それだけでかなりの高確率で好印象を持ってもらえますよ。

第一印象を最高にする、とびっきりの笑顔と目の表情

デートでよい第一印象を残すためには、話の内容よりもとびっきりの笑顔や目の表情にこだわることがすごく大切。

これを非言語コミュニケーションと呼びます。先ほどご紹介したメラビアン

の法則によると、言葉に頼らないコミュニケーション方法のことなのですが、非言語コミュニケーションのなかで一番有効だったのが笑顔だったんです。

そしてその次は**目の表情**でした。これは目が冷たいとか、温かい目をしていたという印象のことです。

例えば、会社の上司に怒られるときも、目が笑っているときってありますよね。「○○さん、頼むよ、マジで。しっかりしてよ〜」って言葉はきついけれど、目が笑っていたら、やみくもに怒られているのではなく、次を期待して檄《げき》を飛ばしてくれているということがわかりますよね。

逆に、褒められていても目が死んでいるというパターンもあります。「○○さんすごいよね。才能もあるし○○大卒だし」など、言葉では褒めているけれど、嫉妬やねたみ、悔しさがにじみ出ているパターンもあります。

そして、**好印象を左右する3番目が髪色&髪型**。そして**4番目がボディタッチです**。ボディタッチは、今の時代セクハラになってしまうのでなかなか難しいところですが、上手なボディタッチの方法を第5章で紹介したいと思います。

緊張をやわらげたいときは斜め5㎝で座り、視線を縦に動かす

ボディタッチまで行かずとも、緊張してしまって挙動不審になってしまう人もいらっしゃると思うんです。彼と会うのは嬉しいけれど、どうしても実際に向き合うと緊張してしまうという人も多いですね。

相手と向かい合って座らなければいけないときは、**緊張をやわらげる3つの方法**があります。

①椅子を斜め5㎝ずらす

まず、向かい合って座ることが確定した場合、椅子を引いて座るときに、**椅子を5㎝斜めにずらして座る**ことを意識しましょう。斜めにずらすのは左右ど

ちらでも大丈夫。１００％正面で向き合うよりも、ちょっと斜めにずらすだけで、心理的にあなた様はラクになれるんです。

ちなみにこれって、苦手な人と向き合うときも同じです。会議などで緊張する場面は、正面で向き合うよりもちょっと椅子を斜めにずらすだけで心理的にかなりラクになります。

②視線をずらすときは縦に。横は厳禁

向き合って座ったはいいものの、会話がなかなか盛り上がらず、いたたまれない気持ちになることは誰でもあるもの。そんなときに、視線をずらしたくなりますが、**横にずらすのは厳禁**。会話がなくなってきて気まずい間《ま》が空いたときに視線を横にずらすと、相手は「つまらなくて退屈しているのかな」と感じてしまうんです。

例えば、あなた様とカフェにいると仮定しましょう。会話が盛り上がっていないときにあなた様が、何回も横を向いて新しく入ってくるお客様に視線を向けていたり、何回も窓の外を見たりしていることに、彼が気づいてしまうと、

この場を早く切り上げて帰りたいのかなと思ってしまうんですよね。ただ緊張しているだけなのに、これってとても損するマイナス行動です。

横にずらすのは退屈していると思われかねないので、**縦に外す**のが正解。やりやすいのが、下にずらす方法。視線を下にずらした先には、料理やドリンク、メニューがありますよね。つまり、とても自然に見えるのです。

③目と目の間の眉間あたりを見る

また、そもそも論で、「相手の目を見ることができないんです」っていう方もいらっしゃいますが、簡単な解決方法があります。それは、**目と目の間の眉間あたりを見ること**です。これって、眉間というのが大切。鼻の頭やおでこなどに視線を動かすと、バレてしまうので要注意です。目と目の付け根を1秒見て、そのあと外すのがコツです。

目と目の付け根を見たあとは、どこに視線を外すのかも重要です。先ほど、下にずらして料理やドリンク、メニューを見るコツをお伝えしました。眉間を見たら、一度下を見てみる。また目と目の間を見るべく、上にずらす。不自然でないように間をつなぎましょう。

目線には、上下にずらすという言葉があるのですが、上にずらすと、考えているように見えるんです。横を向くと上の空（心ここにあらず）に見えてしまいます。目線を上に向けて、「なるほど、そうなんですね」というと、熟考しているように見えて、思慮深い人と思われるのです。

戦略よりも効くのが素直さと笑顔

ここではテクニックを紹介しましたが、あまりにもテクニックだけに頼ろうとすると頭でっかちになりすぎて「覚えられる自信がないです」「上手に実践できるか不安です」という方もいらっしゃいます。

そんなときはまた大切な次のことに返ってきましょう。

彼とのデートは採用試験じゃないということです。

「素直さ」と「笑顔」が、好感を持たれるポイントの基本であることを思い出しましょう。それって、女性だけに求められることではなく、あなた様が男性に求めることでもあると思うんです。

素直さと笑顔って嘘がないからこそ、一番大切であり、人の心を動かします。普段、カウンセリングにいらっしゃる方に「次のデートをこぎつける自信がないです」と言われることがあります。

これって戦略はいろいろあるんですね。探せば、成功させるための心理学に基づいたコツもたくさん見つかるでしょう。本書でもテクニックを紹介しています。

けれど、それよりも**大切なのが〝素直さ〟であり、これが彼の心に一番響くアプローチ方法**であることは基本として覚えていてほしいのです。

「今日、楽しかったから、また会いたい」そう思ったらどうしたらいいか。

その気持ちも正直に相手にぶつけてしまいましょう。「すごく楽しかったから、次もまた会いたいんですけど」と素直に言ってしまえばいい。

でも、これを言ってしまうとスキばれしてしまうのではないか、情報を与えすぎてしまわないか……と悩まれる方もいらっしゃるかと思います。

ここでお伝えしたいのは、「会っているときには直球も大切」だということ。会っているときは時々直球を交えて彼に迫ってみる。けれど、会っていないときは行方不明になる。そのようにふるまうといいのです。

また、私からばかり誘っていると迷惑なんじゃないかな……と悩まれる方もいらっしゃるでしょう。それならば「よかったら」という言葉をつけましょう。「今日はとても楽しかったです。私ばかり誘っていると迷惑かなって思っちゃうんで、よかったら誘ってください」という具合です。

伝えるのは、勇気がいるでしょう。それでも、正直な言葉は、彼にきちんと伝わります。素直に笑顔で心を開いて話すことができれば、それで合格点。戦略に頼らず、彼と向き合うことが大切です。

彼に一歩踏み込む「ぶっこみ会話術」

先ほど、彼が興味を持っていることに話題を向けると会話が弾むということをお伝えしました。そのためには、彼が何に興味を持っているのか、会う前に事前にリサーチすることが大切になってきます。

例えば、マッチングアプリならば、プロフィール欄に「趣味：カメラ、登山」と書いてあったとか、職場恋愛であれば、同僚からさりげなく情報を聞き出しておくなど。それを会話のなかで小出しにしていくわけです。

「○○さんの趣味って、カメラってホントですか？」のように、さりげなく話を振るのです。ここから会話を盛り上げる方法を、「**ぶっこみ会話術**」と僕は名付けています。

彼がその問いかけに、「そうそう、カメラとか写真とか好きなんだよね」と食いついてきたら、ここからが「ぶっこみ会話術」の発動です。

「○○さん、現像もできちゃうんですね」と、**彼の返答から一歩踏み込んだ返答をしてみましょう**。すると彼は「え、なんで？　現像なんて俺、できないよ」とびっくりします。

例えば、次の会話のような具合に。

あなた様「暗室とか持っていそうですもん」
彼「いや、現像できないから無理だよ」
あなた様「あ、そうなんですか、今、デジカメの時代ですもんね」
彼「そうだよ、そもそもフイルムでは撮らないし」

ほら、彼の会話から踏み込んでぶっこんだことで彼との会話のラリーが続くんです。

例えば、彼がサバイバルゲームが好きだったとしたら。

あなた様「○○さん、サバイバルゲーム、好きなんですか？」
彼「サバゲーね、好きだよ！」
あなた様「すごいですね。じゃあ、無人島で暮らせるじゃないですか？」

カメラでもサバゲーでも、会話にぶっこんでいく方法はいくらでもあります。
とはいえ、会話の限界は訪れるもの。
つまり、ちょっと無言になってしまう「天使の通る時間」というやつですね。
そこでもう1つ、「**選択話法**」という方法を試してみましょう。

無言時間の救世主「選択話法」

選択話法とは、**あらかじめ答えを提示して相手に選択してもらう方法のこと。つまり、2択や3択を用意して相手にそのなかから選んでもらうことで、どちらを選ばれても会話が盛り上がる**という方法なのです。

例えば、「○○さんって、水族館とプラネタリウムだったらどっちが好きですか？」と、彼に話を振ってみるんですね。もちろんここからも「ぶっこみ会話術」の発動は不可欠です。

彼がプラネタリウムを選んだとしましょう。

あなた様「じゃあ、『聖闘士星矢《セイントセイヤ》』好きですよね？」
彼「なんでプラネタリウムから『聖闘士星矢』に話が飛ぶの？」

あなた様「星座と言えば『聖闘士星矢』だと思って」
彼「まぁ、見たことはあるけどね」
あなた様「この漫画って『ジャンプ』で連載されていましたよね？」
彼「そうだね」

ここで再度、選択話法を発動～

あなた様「じゃあ、『ジャンプ』と『マガジン』だったらどっちが好きでしたか？」
彼「それなら、『ジャンプ』かな」
あなた様「それなら、『ドラゴンボール』と『スラムダンク』のどっちが好きですか？」
彼「その2つだと『スラムダンク』派だったね」
あなた様「だったら、あの映画観ました？」

というように、相手が関心を持っているほうへ話を展開させるわけです。
この場合は、**選択肢を限定していったほうが話が転がりやすくなります**。
例えば、彼が水族館を選んだとしたら……。

あなた様「じゃあ『ファインディング・ニモ』って好きでした？」（**ぶっこみ会話術**）
彼「なんで、『ニモ』限定になるんだよ？」
あなた様「じゃあ『ファインディング・ニモ』と『リトル・マーメイド』どっちが好きでしたか？」（**選択話法**）
彼「なんでディズニー映画ばっかりなんだよ？」
あなた様「ディズニーじゃなかったらマーベル派ですか？ ディズニーとマーベルだったらどっち？」（**選択話法**）
彼「まぁ、マーベルは好きだけど、基本的に映画を観ないんだよね」
あなた様「映画はあんまり観ないんですね。じゃあ、映画とドラマだったら、

どっちが好きですか？」（選択話法）

彼「いや～。映画もドラマもあまり観ないんだよね。どっちかっていうとYouTubeとかかな」

あなた様「YouTubeだったら、何を観ているんですか？」

というように、**彼が関心を持っていること、関心を持つ方向へと会話が膨らんでいく**わけです。

これ、絶対に盛り上がれるので覚えておくと、いざというときに役に立ちます。これは戦略とかではありませんから、単純に盛り上がる方向に話を持っていけばいいのです。

盛り上がっても23時には帰る「シンデレラ・ピーク・エンド」

それでひとしきり盛り上がったら、サクッと帰りましょう。

これを「**ピーク・エンドの法則**」といいます。

出来事の印象は感情が最も高まった「ピーク」と、その終わりである「エンド」の出来事によって決まるという法則です。

一番会話が盛り上がったところで、「そろそろ時間なんで」とサラッと席を立つわけです。

前の章でお伝えした、時々行方不明になることが彼の男心を刺激するという方法で、彼に時間を与えすぎないということです。

夜の食事なら、11時くらいが帰りどき。おとぎ話のシンデレラのようなので、

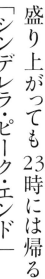

僕は先の法則と合わせて、「シンデレラ・ピーク・エンド」と呼んでいます。

終電ギリギリの12時まで粘ってはいけません。

「うちの親、厳しいんで」なんて言い訳しながらサクッと帰る。もしくは、「すみません、今日、2時間しか時間がなくて」というように、食事をする前から言っておいてもいいでしょう。

会話が盛り上がっても、サクッと帰ることで、もうちょっと話したかったなという気持ちを彼に抱かせることができるんですね。

飲食の話題で締めれば、次のデートは確実

そして、さらに次のデートを確実にする方法があります。

それは、最後に料理や飲み物の話題を振って締めること。

「○○さんはビール派ですか？ ワイン派ですか？」「焼き肉派ですか？ お魚派ですか？」のように選択話法を駆使して好みをリサーチしましょう。

「ビールが好きなんだよね。最近はクラフトビールが好きかな」ってなったら、「じゃあ、クラフトビールのおいしそうなところ、何軒か調べておきますね」と答える。「見つけたらＬＩＮＥするかもしれません」そう答えて、すぐ席を立ちましょう。


彼がごちそうしてくれたり、多めに払ってくれたりしていたら「ごちそうさまでした」とお礼をしっかり言うかＬＩＮＥをして、そこから2週間くらい行方不明になりましょう。

そして、２週間後に、クラフトビールがおいしそうなお店のリンクをコピペしてポンッと彼に送る。

「ここはどうですか？」などの言葉もいりません。「お疲れ様です」くらいの言葉少なめの本文とコピペだけでいい。

するとかれは、「急に何？」と気になってくるわけです。
それでも反応がなかったら、再度、1週間後ぐらいに「このお店もありです」みたいな感じで、他のお店のURLをポンッと送る。そうすると、返事が返ってくる可能性がグンッと上がってきます。

飲食の話をラストにして「お店調べてLINEしますね」という言葉を別れ際に残しておくと、彼の印象にも残っているので、グダグダ細かく説明やLINEを送った言い訳を書く必要はないわけです。約束を果たしただけですから、これなら「(気持ちが)重い」と思われる必要もありません。

そのサラッとした去り際と、LINEのシンプルさで、彼から返信が来る可能性をアップさせるんですね。

頭の片隅に置いておくと、いざ実践するとなったときに自然にできるので、次のデートを確実にしたい方におすすめしたいコツです。

第3章

男心を振り向かせるLINE術

男心を引き出すＬＩＮＥの攻略法

コミュニケーションアプリ、LINE。このアプリなくして恋愛を語ることはできません。恋愛の現場で男性にとってＬＩＮＥはどのようなものかというと、答えはシンプル。「会うためのツール」なんです。

なぜ、そんな誰でもわかるようなことを、声を大にして伝えているかというと、あなた様に男心をしっかり理解していただきたいから。

ここでは、ＬＩＮＥを用いた男心攻略のテクニックをお伝えしていきます。

男は視覚を重視して動く生き物

男性は、女性に比べて空間認識能力が高い傾向にある、と言われています。

空間認識能力というのは、空間にある物体の位置や形、大きさ、速度、間隔などの関係を正確に把握する能力です。

空間認識能力が高いと、物事や構造を理解する力が高く、身体能力も優れている傾向があります。この能力があるため、LINEでずっとやり取りをするくらいなら、会ってしまったほうが話は早いという恋愛の構造を、男性は本能的にわかっているわけです。

これをLINEというツールで考えるとどういうことになるのか？

最短距離であなた様に会いたい、あなた様を捕まえたいということになるわけです。

このことを踏まえて、女性が男性にLINEする際に、気をつけていただきたいことがいくつかあります。

文章に言葉や感情を詰め込みすぎない

1つ目は、感情を伝えすぎないこと。
これってすごく大切なことなので、必ず覚えてほしいです。

男性は、**視覚**をより重視して動いている生き物だと言われています。原始時代では、獲物を捕まえるためには、まず獲物を視覚でとらえる必要がありますよね。視覚で獲物を認識し、では、どう捕まえればいいのか戦術を立てて、獲物を捕獲するというゴールまで進んでいくわけです。

一方、女性はというと、**空間認識能力よりも言語中枢の能力が高い傾向にある**と言われているんですね。言語中枢とは、大脳皮質に存在し、言語活動を司《つかさど》る部位のことで、話す言葉や文字で自分が伝えたいことを表現する能力が高いということなんです。

言語中枢が発達している女性の場合は、言葉で気持ちを伝えたくなっちゃうわけです。つまり、ＬＩＮＥの場合は文章で伝えたくなってしまうわけですね。

〝あのとき○○くんが言ってくれた言葉がすごく嬉しくて、実は私も同じ気持ちで、○○くんのことをすごく大切に思っているよ〟……などなど。

このようなＬＩＮＥを送ってしまったことがある人は要注意。

ＬＩＮＥを受け取った彼は、どうしてもこのＬＩＮＥの真意を汲《く》むことができないと思ってください。

言葉で確認するよりも実際に（あなた様に）会いたい、捕まえたいという気持ちのほうが前に出てしまうんです。

女性の気持ちを汲み取ることと、会いたいという気持ちを男性に両立させることはできないのかとあなた様は思うでしょう。

けれど、残念ながら、男性の脳みそはシングルタスクと言われていて、2つ以上のことをするのが苦手。**相手の気持ちを汲み取りつつ、自分の会いたい気持ちを確認するということが苦手**なんですね。

一方、女性はマルチタスクが得意だと言われているので、いろいろなことを同時に行ったり考えたりすることができるわけです。道路でたとえると、女性は2車線、3車線あるけれど、男性は1車線しかないということ。

例えば、男性とドライブに行った先で、運転している彼が道を間違えたとします。助手席にいるあなた様が「ねえ、道を間違えてるよ」と教えてあげたときに、彼はどんな反応をするでしょうか?

「いや、いいんだよ。今さら戻れないし」とか「この道からも行けるし」とか、「大丈夫だよ、俺に任せて。この道からでもちゃんと行けるから」のように答えるケースが多いと思うんです。

それはなぜかというと、他の道にすぐに変更することができないからです。

これは、彼の性格ではなく、彼の脳みそと、あなた様の脳みそが根本的に違うからなのです。

付き合う前ならば、女性の思いを汲み取ろうと努力する男性もいます。ですが、それは長続きしないですね。

付き合ったら徐々にシングルタスク脳に戻ってしまい、相手の気持ちを汲み取る努力はおろそかになってしまうわけです。

なので、**あなた様からLINEを送るときは、文章に感情を詰め込みすぎないということがとても重要**です。

そして、言葉を詰め込みすぎないこと。

カウンセリングに来てくださる方は真面目な方が多いんです。

例えば、会ってお礼をする際にも、

「今日はお忙しいなかお時間を作っていただき、誠にありがとうございました。とても楽しい時間を過ごせました。また機会がありましたらよろしくお願いいたします」

のように、言葉を詰め込んでしまいがちです。

とても丁寧である一方で、「ありがとう。俺も楽しかったよ、またね」みたいなそっけない返事が男性から来ることもあるでしょう。そして、その後何も進展しないということも多々あります。

それで、これ以上どう進めばいいんでしょう？　ということに悩んでいらっしゃる方が、非常に多いのです。

だからこそ、男心を引き出すＬＩＮＥ術が必要になってきます。

大切なのは、文章を伝えることではなく、空気感を伝えることです。

楽しい空気を伝える、ぶっこみ会話術の付け加え

文章を伝えることではなく、空気感を伝える。これがとても重要です。

まずは「今日は楽しかったです。本当にありがとうございました。ごちそうさまでした」と、必要事項をすべて書き出してみます。

ここで加えたいのが次のテクニック。

必要事項を書いたあとに、「次の焼き肉は松阪牛でお願いします」「お話ししていたビールのおいしそうなお店、候補を50店舗くらいリサーチしておきます」のような冗談だとわかるような少し突拍子もない内容を付け加えるのです。

そうすることで、LINEの文章全体の空気感をやわらげることができます。

これまでにお伝えしてきた「ぶっこみ会話術」などの応用ですね。

あとは、「もし、夜に突然飲みたくなったら、いつでも誘ってくださいね。多分私寝ていますけど（笑）」のようなコメントもすごくいいです。

読んだ相手は「なんでだよ」って思わず突っ込んでしまいますよね。つまりは、**ちょっとライトな印象で終わらせておく**ことが大切なんです。

彼への返事は、言葉よりも写真1枚で

前の章で、一度会ったら2週間後に行きたいお店やオススメのお店の情報のURLだけ送るということをお伝えしました。それに対して、「今は何をしているの？」と、彼から返信が来た場合も同じです。

言葉を詰め込みすぎないこと。

文章で送ったところで、彼は空間認識能力を駆使して視覚で動いているので、

写真を1枚だけポンッと送るほうが効果的なんです。

空のビールのグラスや居酒屋のテーブルとわかる写真、料理だけで、彼の想像と妄想を騒き立てる空気感を作りましょう。すると、彼はあなた様が今「誰と何をしているか」が気になるはずです。

「誰と何をしているの？」と直接、聞いてくるかもしれません。

けれど、再びになりますが、すぐに返事をしないことがここでも大事。しばらく放置です。

ＬＩＮＥの返事は彼の都合ではなく、あなた様の都合で

ＬＩＮＥはあなた様のタイミングでしましょう。つまり彼のためにＬＩＮＥするのではなく、あなた様が主導権を握るのです。

なんならそのＬＩＮＥすら、する必要もありません。あなた様が寝ていたなら返信しなくていいし、返信したくない気分や返信できないほど忙しい状況なら、返す必要はありません。面倒くさいなら面倒くさいでいいんです。むしろ、面倒くさくなって放置してあなた様がするべきことを続行しましょう。

彼のためにあなた様の時間を割いてＬＩＮＥをするのではなく、自分のためにＬＩＮＥを使うという感覚を持つことこそが、男心を引き出すＬＩＮＥ術につながっていくためには重要だということをしっかり覚えてください。

とはいえ、そうとわかっていても彼が気分を害さないか、すぐに返信しないと、二度と連絡が来ないんじゃないかと気になってしまう人もいらっしゃいますよね。

そのようなときは、次のキーワードを10回唱えてみましょう。

「男の既読は了承の証《あかし》、未読は保留の証」

男の既読は了承の証、未読は保留の証

男性のＬＩＮＥは、あくまでも用件を伝えるツールです。なので、用件を相手に伝えたらもう、ＬＩＮＥを開かない可能性が高いんです。既読スルーの場合も、あなた様がヤキモキする必要はない場合がほとんどなんです。

彼のなかでは〝ＯＫ、了解〟と心のなかで呟《つぶや》いて完結させちゃっているときに既読スルーが発生するという場合が多いです。

未読のままの場合も、〝ちょっと、（返信できるまで）待ってて〟という状況なことも結構あります。今、決められないからちょっと時間をちょうだいという未読のこともあります。

もちろんあなた様が恐れている、〝もう今後、連絡を取りたくない〟という

未読のこともありますが、すぐに、あなた様が判断を下す必要はありません。**こういった状況で追いLINEをするのは、逆効果です。**

今、彼はどう思っているのかな？　大丈夫かな？　と、LINEの返事を待ってヤキモキせずに、自分のためにLINEを使うということを意識して過ごしていただけたらと思います。

既読スルーも1つの返事

僕は毎日さまざまな方をカウンセリングさせていただいていて、「今、彼がどう思っていますか？」「今、何をしていますか？」「本当はどうしたいと思っていますか？」「LINEが既読スルーのままで彼の気持ちがわからないんです」というようなご相談をたくさんいただきます。

そこで覚えておいていただきたい男心キーワードがあります。それは、**既読**

スルーも1つの返事、ということです。

先述しましたように、既読スルーを〝了解〟という返事としてＬＩＮＥを使っている男性はとても多いです。

男性はLINEを道具（ツール）として使っています。必要なときしかアプリを開かないし使わない。用件を伝えるだけの道具でしかないんです。

一方で女性はLINEをコミュニケーションツールとして使っている。道具として使い終わったら、ポイッとクローズする男性と、コミュニケーションツールとして、そこで彼の気持ちを理解しよう、判断しようとする女性側との間に埋まらないギャップが生まれていくわけです。

女性は既読スルーされると、「どうして彼は返信してくれないんだろう」「今、何をしているんだろう」とＬＩＮＥの文面から探ろうとします。

直前のやり取りだけでなく、その前のやり取りを見返して確認する女性もいるかもしれません。

ここまでくると女性はＬＩＮＥを、彼の行動を知るためのツールとして使おうとしていると言っても過言ではありません。

けれど、そんなことをしたって男性はわからないわけです。

ここまで理解したなら、しなければいけないことは１つ。

彼のためのＬＩＮＥではなく私のためのＬＩＮＥなんだということをしっかり意識して、主導権を自分に戻さなければなりません。

いつもより１・５倍強気になって、主導権を握る

既読スルーに振り回されている間は、あなた様のＬＩＮＥの主導権を彼が握

ってしまっている状態になっているということを理解しましょう。

では、どうすればいいのか。

まず、いつもよりも**1・5倍強気なあなた様**になりましょう。

そして、LINEの機能をしっかり把握しましょう。


LINEで誰かにコメントを送ったら、その返信を待つ時間が発生します。

これは、恋愛だけではなく家族や友人に送っても変わりませんよね。

その「待つ」という行為が必ずしなければならないものなのであれば、あなた様が心配や不安を抱えて待つのか、幸せな気持ちで過ごしながら待つのか、どちらかしかありません。


ここで、「**幸せな自分で待つ**」ことを自分との約束にしていただきたいのです。

生きていると「寂しい」という感情は、必ず発生します。それは、たとえ彼とお付き合いできたとしてもつきまとう感情なので、男心、女心というよりも自分自身の生き方に通ずるものだと思います。

パートナーができたとしてもこの寂しさは消えないものです。

結局は、**自分が自分を幸せにする、満たしていく**ということが大切なんですね。

では、彼と会えなかったり、連絡が取れなかったりした時間も、幸せな自分になるためには、何が必要なのでしょう。

彼と会っていないときの私は、何が大切で何が好きなのかを知ることです。

「彼がいなくても幸せ」な時間を発信する

彼と会えない、連絡が取れない時間、不安や心配でうずくまっているのではなく、幸せな自分のままどんどん自分磨きに時間を使う。

彼がいなくても幸せに過ごしている時間を、単発で彼に伝えていくことが、恋愛においてたいへん効果的になります。

彼に伝えなくとも、彼が見ているあなた様のSNSにアップすることでもいいでしょう。


例えば2週間くらい連絡を取らずに放置したあと、一言だけ「免許取った」と、彼に送ってみる。彼から「免許取れたんだ？　よかったじゃん」と返ってきたら、次の返信で「今度、どっかに連れていって」みたいに送る。すると、彼は疑問符を抱いて驚くわけです。

あなた様が免許を取ったのに、彼にどっかに連れていってとは、どういうことだろう？と。

「免許を取ったのは俺じゃなくて君でしょう」と、そう彼から返事が来たら、「事故ってもいいなら助手席乗ってもいいですよ」みたいな返しをしてもいい。「怖いからお前とは絶対に行かない」と返ってきても、さらにポジティブに返信していく。冗談やユーモアを織り交ぜながら振り回してみましょう。

じゃれ合うような気持ちが大事です。

過去に私が相談者さんから聞いて、印象的だった会話があります。

その女性の方は、「釣り行った」というＬＩＮＥを彼に送ったそうです。すると彼から「おお、釣り行ったんだ！」と返ってきます。

そこで彼女は、「もう二度と行かない」って送ったそうなんですね。彼はそのギャップに〝何があったんだ〟と気になったでしょう。とても上手だなと思いました。

彼女はさらに、「酔った。私はやっぱり陸がいい」と送ったそうです。〝陸って（笑）〟と彼は突っ込みながら思わず、可愛いなと感じたでしょう。このように、**彼に突っ込みどころを作ってあげるコミュニケーションが大事**です。

あなた様のなかにも強い部分が必ず存在します。

彼があなた様のことを気になってしまう部分。彼を惹《ひ》きつける力。

そしてその彼の気持ちを焦《じ》らして育てるための待つ力。

それだけのエネルギーがあなた様のなかに必ずあるんです。

だからあなた様は強いんですよ。

最終奥義「酔っ払って送っちゃった」

こんな奥の手もあります。

例えばあなた様が酔っ払ったとします。そんなときに酔っ払ったまま、夜中の11時くらいに「酔っ払っちゃった」の一言だけLINEしてみる。

彼が既読スルーでも気にしない。彼から返信が来たとしても、そこで、LINEを送るのはやめましょう。次の日に〝なんか酔っ払って送っちゃった〟みたいな感じで送ってみましょう。

すると、彼としたら、すごく頼りにされていると感じるわけです。

自分のいない時間を楽しく過ごしているあなた様に対して、やきもきする感情も生まれるでしょう。

酔っ払ったときって、大切な人や好きな人を思い浮かべますよね。きっと彼も酔っ払った経験があるので、酔っ払ったときに自分にＬＩＮＥをくれたんだ、って思うはず。

そのうえで、「えっと、誰と飲んでいたの?」と気になってくる。

つまり、酔っ払いＬＩＮＥを１回で終わらせることで**誰かといた空気感だけ漂わせておく**ことがとても重要なポイントなんです。

「誰と飲んでいたの?」と聞かれても、放置。空のグラスの写真や料理の写真だけ送って、誰かといたような空気感だけは残す。心憎いテクニックです（笑）。

彼のいない時間の「満面の笑顔」をアイコンに

そのようなタイミングで、アイコンの写真をすごい笑顔の写真に変えたりしてみる。そうすると、「男になんか言われたのかな」「男ができたのかな、男が撮った写真かな」というように、気にさせる。

そうやって、LINEの主導権をあなた様に持っていくことが大切なんですね。

つまり、LINEの送り方を変えて自分のわがままを通すことで、自分の思いのままに、彼を振り回すことができるわけです。

そのためには彼を放置してあげる勇気を忘れないこと。

その真逆が、スマホを握りしめて彼からのLINEを待ってしまうことです。

「ＬＩＮＥペット女」は卒業！わがままを通す女になろう

私にはあなたしかいない、いつでもＬＩＮＥをください、いつでも待っているからという気持ちをＬＩＮＥの文面や送るタイミングなどで出していってしまうと、彼はどんどんあなた様への男心を消耗してしまいます。

いつでも待っていてくれる女性に対して男性はどんどんテンションが下がっていくというのは、すでにお伝えしましたね。

こうなったら、あなた様は彼の「ＬＩＮＥペット女」状態。

あなた様にＬＩＮＥすれば、いつでも即レスしてくれるし、いつでも会いに来てくれる。そういう都合のいいＬＩＮＥペット女にならないことがとても重要です。

LINEはあなた様の生き方そのもの

「そう言われても、ついつい彼に合わせてしまいます」という方も多くいらっしゃいます。僕もその気持ちはわかるし、そう思ってしまうのも当然です。
けれど、頭の片隅にそういう知識を入れておくことで、いつかそういう状況になったときに、自然にパッと行動に反映されることがあるんです。

あ、晴人さんが言っていたのは、こういうときのことだ、ここで返信しないほうがいいんだなって。〃あなただけだよ〃とかそういう気持ちは伝えないほうがいいな、誰かと会っていそうな雰囲気を漂わせたほうがいいなと、思い出せたらあとは行動に移せばいい。

いつでも主導権はあなた様にあるので、彼とのデートを重要視せず、友達と

同じように気軽に彼を誘ってみる。

提案した日にちがダメなら、もう彼と付き合える可能性はないとすぐ絶望するのではなく、他の友達と楽しめばいい。

再度彼を誘うときは、3日くらい候補日を出して、そのなかから選んでもらえばいいし、ダメだったら彼から提案してってお願いすればいい。

そんな気持ちでいればいいんです。

そのノリを忘れないっていうことがとても大切なんですね。

待つこと自体は変えられないし、やめられないという場合は、**幸せな自分で待つということを大切にする。**

つまりは、**ＬＩＮＥはあなた様の生き方である**ということです。

第4章

男のロマンをくすぐる！モテる女は「袋とじ女」

男心のロマンが詰まった「袋とじ」

男性向けの雑誌にある、昔からの人気企画として「袋とじ」があります。

自分で購入しないと開けられないページというのがあって、基本的にグラビアページだったりするのですが、タレントさんのもっとすごい写真を見たい人は、立ち読みではなく自分で購入してこの袋とじを開いてみてくださいということなんです。


僕自身、袋とじを開けたこともありますが、実は開けても、他のページと大差なかったりします（※個人的感想です）。

でも、この**袋とじを開けるという行動に男心はドキドキ・ワクワクさせられてしまう**んですね。

僕の中学時代や高校時代は『ヤングジャンプ』のようなコミック雑誌で友達と**袋とじを開けるテクニック**を競っていました。ハサミで開けるとギザギザになってしまう。焦って開けるとバレて友達にバカにされる……。

ですから男子の間では、30㎝定規を使うときれいに開けられるなどの技が生まれたりしたものです。きれいに開けるための技を自慢し合ったのを思い出します。

……この話で何を伝えたいかというと、**恋愛においてあなた様が袋とじの状況を作ることがとても大切だということが、今回のテーマ**です。

隠されると、知りたくなるのが男心

男は自由を制限されると、それに反発して余計に知りたくなる生き物なんです。

禁止されればされるほど、やってみたくなる、見たくなるという男性心理は、心理学用語で「**カリギュラ効果**」といいます。

『天空の城ラピュタ』というアニメ映画、あなた様も観たことがあると思います。そのなかで「あの雲の向こうにラピュタがあるはずだ」とパズーが言うんです。

その雲がパッと流れたときに、ラピュタが見えたらいいんですけど、全然見えない。なぜかというと、ラピュタの周りを分厚い雲が覆っているからなんですね。

これも、見えないから本当にあるのか見たくなる、見えないからこそ行って確かめたくなるわけです。まさにカリギュラ効果を使って見たい気持ちを刺激することで、この物語が盛り上がってくるわけです。

恋愛においても、このカリギュラ効果は、とても大切。あなた様のことをもっと知りたい、あなた様という袋とじを開けたいと思わせる、「袋とじ女」であるためのコツが４つあります。

袋とじ女のコツ①
笑顔の女性は男性から5倍モテる

１つ目は、ズバリ、笑顔です。

カウンセリング中に、「私に魅力がないんです、彼のタイプじゃないんです」とお話しされる方、すごく多くいらっしゃいます。

そうした悩みを抱える方にまず僕がおすすめするのが笑顔。

実は**笑顔の女性は男性から5倍多く話しかけられる**という研究結果を、フランスの南ブルターニュ大学ニコラ・グーギャン博士が発表しています。

普段よりも5倍増しですよ。あなた様がどんなに自分に自信がないと思っていても、笑顔を彼に見せることができれば5倍魅力的に映るんです。普段と笑顔のギャップに彼の男心をドキッとさせることができるわけです。

また、名古屋経営短期大学の西川三恵子《にしかわみえこ》先生の研究によると、「今までに感じの良い人だなと思った瞬間は？」という問いに対して、1位が笑顔で35・3％、2位が挨拶で24・3％だったそうです。

つまり、**笑顔で挨拶をすることで59・6％の人があなた様に第一印象で好印象を持つ**わけです。これを使わない手はありません。

軽くニコッとするだけでなく、しっかり笑顔で挨拶を意識しましょう。

袋とじ女のコツ②

45cm以内のパーソナルスペースに入る

2つ目は相手のパーソナルスペースに入ること。

パーソナルスペースとは、個人が快適に過ごすため、自分の心身の安心安全を守るために、他人との間に距離を取って作る「個人的な空間」のことを指します。

パーソナルスペースは相手との関係性や背景、価値観などで異なり、複雑に変化しますが、**一番近い密着距離は45cm以内**と言われています。

これは、親子の場合は親が子どもを守れる距離とされており、45cm以内に入れる人とは、とても大切な存在なんです。この距離感である45cm以内にあなた様が入ってくると、彼はドキッとします。

その距離感で話しかけられたら、「どうしてこんなに近いの？」「俺のこと好きなの？」と思わせることができるんです。

偶然を装ってもいいのです。

数回に1回を目指して、彼のパーソナルスペースに入ることを意識してみま

しょう。

45cm以内に接近！大阪のおばちゃんから学ぶ「あめちゃん作戦」

ただ、「45cmなんて、そんな近距離は無理です」という方もいらっしゃるでしょう。そんな方は、「物の貸し借り」を上手に利用しましょう。

オススメなのが大阪のおばちゃんの得意なあめちゃんです。

これは、お菓子をあげることによって距離を縮める作戦。大阪のおばちゃんの行動は正しいんです。物を渡すことで近い距離に行くことができるし、「返報性の法則」も適用できます。

「返報性の法則」とは、相手から何かを受け取ったときに「お返しをしないと申し訳ない」という気持ちになる心理効果のこと。

相手が物をくれたってことは、自分に対して心を開いてくれているということなので、自分も相手に対して同じくらい心を開きたいと思ってしまうんですね。

あなた様が物をあげることで、もっとあなた様のことを知りたいと彼は思うわけですが、あなた様は袋とじなので、それ以上見ることができない。

自分に笑顔を向けてくれるし挨拶もしてくれるけど、好きかどうかがわからない。つまり、本当の意味であなた様の真意を測りかねて彼が悩む状況を作り出せるのです。

袋とじ女のコツ③
自分からは袋とじを開かない

ここまで来られたら、しめたもの。彼はあなた様という袋とじを開けたくなってきているはずです。

つまり、あなた様に興味を持っているということ。

このときに注意してほしいのは、次のステップです。

あなた様自ら、袋とじを開いてはいけないということです。

ここで、やさしいあなた様は、自分を知りたがっている（欲しがっている）彼を不憫《ふびん》に思って、自ら袋とじを開けてしまいたくなることがあるのです。

よくあるのが、ここで身体の関係を持ってしまうこと。

この人がこんなに知りたいと思ってくれているんだったら、私のことを大切にしてくれるのではないか、そう考えてあなた様はすべての情報を相手に明け渡してしまいたくなるんです。

でも、あなた様は袋とじです。モテる女はすべて袋とじです。ここで、明け渡したくなる気持ちをグッと堪《こら》えて、10回次の言葉を唱えましょう。

「私のことを全部知りたいんだったら、私という袋とじを開けたいんだったら、あなたがハサミや30cm定規を持ってきて、きれいに開けるために努力しなさい」

空を見上げて、そこにラピュタの城が浮かんでいたら、誰も憧れないですよね。晴れたら見える富士山と一緒で「ああ、今日もよく晴れているね」って、それで終わってしまいます。

見えないから刺激される。

だからこそ、あなた様も見えない部分を作っておいて、彼にあなた様の心の奥にある鍵を開ける努力をさせることがとても重要になってきます。

袋とじ女のコツ④

何歳からでも高校デビューすべし

そして、4つ目は、あなた様の心と身体には簡単に触れさせないということ。あなた様が自分を大切にすればするほど、彼にも大切にされるんです。

高校デビューという言葉を知っていますよね。

ここでは、何歳からでも高校デビューを繰り返していいということをご紹介します。

高校デビューって、中学時代には地味でおとなしくて、クラスでも全然目立たなかった女の子が、高校に入った瞬間に、髪を切って色を変えたり、メガネをコンタクトレンズに変えたりしたらモテ始めたみたいなことですね。

周りからは「あのコ、キャラ変わったよね」なんて言われるわけです。

僕も中学時代は卓球部の部長で坊主頭でした。親も厳しかったし、剣道もやっていたので、「髪の毛があると邪魔でしょ」と親に言われるまま坊主頭にするしかなく、全くモテなかった思い出があります。

それが、高校に入ったときに「髪を伸ばしていいよ」と親が許してくれて、髪型を気にするようになったら、若干モテるようになりました（笑）。

それからちょっと悪い不良とつるんだり停学になったりして、周りから高校デビューだと言われましたが、それも今になるといい思い出です。

このように、僕も高校デビュー経験者なのですが、社会人になっても**何歳からでも、高校デビューは何度してもいい**んです。

今まで自分自身にも自分の容姿にも魅力がないと感じていて、自分に自信がないあなた様がいるとするなら、最初から諦めて地味で目立たないまま過ごしている方もいらっしゃるかもしれません。

それに比べて、彼はキラキラしていて、いつも世界の中心にいるので、私とは生きている世界が違うし、私なんて相手にされないと、自らバッターボックスに立つのを諦めているかもしれません。

でも、**高校デビューは、何歳になったってできる**んです。

例えば髪の毛を切ってみる、髪色を変えてみる、そんな小さなキッカケで高校デビューは簡単にできます。

第2章でお話ししましたが、心理学用語で「**非言語コミュニケーション**」という言葉があります。

「非言語コミュニケーション」とは、言葉以外で意思や考えを伝えるコミュニケーションの手法です。

会話などの言葉以外の方法で人の印象を左右する1位は、やっぱり笑顔、2位が目の表情、3位が髪色&髪型だと言われています。

なので、メガネをコンタクトレンズに変えるだけでも、髪色や髪型を変えてみるだけでも、大きく印象が変わって見えるのです。

意外性のある趣味でギャップを作ろう

外見的な要素だけでなく内面的な部分でも、あなた様の印象をガラッと変える方法があります。

それが、**あなた様の周りの人に公にしていない趣味**です。

例えば、「○○さんって、何が好きなの？」と聞かれたときに、あなた様はなんと答えますか？　例えば、「俳句を嗜《たしな》んでいます」なんて答えたら、周りはみんなびっくりするわけです。

「俳句、やっているの？」と聞かれて、「では、○○さんをテーマに一句、詠んでみますね」なんてサラッと披露したら、これって、すごいギャップ萌えですよね。

これを心理学用語で「**ゲインロス効果**」といいます。

「ゲインロス効果」とは、最初にネガティブな印象を与えたあとにポジティブな印象を与えると、ポジティブな印象がより強くなりやすいという現象のことです。

わかりやすくたとえるなら、『ドラえもん』の登場人物の1人であるジャイアンが普段は暴れん坊なのに、映画ではやさしい一面を見せて好感度が上がる……というものですね。

例えば、少し地味な雰囲気を持っている方がいるとします。

その彼女が次の瞬間、「私、休日はバイクに乗っているんです」「ルービックキューブ、20秒で全面クリアできるんです」など、意外な趣味を披露したら、どうでしょう?

きっと男性は彼女の袋とじの奥深さを知って、もっと奥まで知りたくなってしまうでしょう。

ゲインロス効果はネガティブのあとにポジティブを持ってくるものですが、

必ずしもネガティブ・ポジティブにとらわれずとも大丈夫。

要は、「意外性のあるギャップ」を狙うのです。効果的に使えば、あなた様という袋とじを開けてみたくなる効果を発揮します。

これらの方法は、気になる人と実際に会えないSNSや、マッチングアプリなどの世界でも使うことができます。

もし、あなた様が普段クールな方なのでしたら、笑顔の写真にするとかでもいいでしょう。

「本当はどういう人なんだろう？」と興味を湧かせるのです。

このゲインロス効果を恋愛に取り入れる、おすすめの方法があります。それは、**今までの自分にはなかった新しい趣味をスタートさせてみる**ことです。

あえてルーレットで選んでみるなどして、これまでの自分では考えなかったような意外性のある趣味にチャレンジしてみるのも面白いでしょう。

釣りでも登山でも、英会話でもゲームでも、違う方法で違う角度からアプローチしてみる。それを10個くらいやり続けてみると、1つくらい彼の心を射止めるものがあったりするんです。

こうやって**「実はこんなこともできるんです！」というあなた様なりのギャップを増やすといい**でしょう。

彼が興味を持ってくれない趣味でも大丈夫。

あなた様自身が、自発的に続けてみようかなと思えることに出会うために、最初はいろいろなことに挑戦してみましょう。

新しい趣味ができると、**彼のことで頭がいっぱいだったあなた様の言動が変わってきます**。

彼との距離も少し開いていくことになるかもしれません。

でも、それが狙いです。

「このあいだまで頻繁に視線を送ってきたのに、最近、全然連絡ないな」って、今度は彼のほうが気になってくるんです。

そうして、あなた様のSNSを見たら、どうやら趣味にハマっていて、充実した毎日を送っているらしい。そうなると、彼は急にあなた様という袋とじを開けたくなってくるんです。

あなた様は好きなことに没頭して、彼のことは放置状態。

彼は、「料理って何が楽しいの？」「誰のために料理を始めたの？」と、あなた様の心のなかを知りたくなります。

これがまさに**袋とじを開けたくなる**ということなのです。

実際に「誰か料理を作ってあげたい人がいるの？」と彼が聞いてきたら、今まで学んだことを実践するチャンス。

「それはちょっと言えないんだけど」と、とびきりの笑顔で答えましょう。

全部オープンにしないということで、あなた様に興味が湧いてくるという効果を最大限に発揮することができます。

これが、袋とじ女になるための極意というわけです。

第5章

彼との距離をぐっと縮める！会話とボディタッチ

恋愛を深めるコミュニケーション

ようやく彼と何度か会えるところまでたどり着きました。**ここまでよく頑張りました！** 自信を持って次に進みましょう。

ここからは彼と対面した状態で困らない会話術について学んでいきます。

せっかく彼と逢瀬《おうせ》を重ねても1回か2回で、その後は音沙汰なしに。そういったケースは多いもの。その場合、上手くいかなくなった原因として考えられる代表パターンを紹介します。

オチまで用意しているのが男心

男は会話をするときにオチまで考えて順序立てて話をする生き物です。

例えば彼が「この前、5年ぶりにボウリングに行ったんだけど……」と話し始めた場合。

あなた様「へ～。5年ぶりですか？」
彼「そうそう。この歳になるとボウリングってあまり行かないよね？」
あなた様「確かにそうですね。5年ぶりといえば、私もこの前、久しぶりに卓球やったんですよ」
彼「あ、そうなんだ……。で、どうだった？」
あなた様「いや～、全然ダメすぎてびっくりでした！　温泉卓球とかだと昔はもうちょっと上手かったと思うんですけどね……」

このように、いつのまにかあなた様が彼の会話を自分の会話にすり替えてしまうことがあります。

男がボウリングの話をし始めたのは単なる思いつきではないことが多いもの。この話をするならば、5年ぶりにやってストライクを3連続で出したなど、**ちょっとした自慢で終わるというオチまで考えて話しているもの**なのです。なので、あなた様が卓球の話をし始めた時点で、彼は口には出さないけれど、心のなかで「ちょっと待って、最後まで話したかったのに」と思っています。

この**会話泥棒、失敗談として頻出**です。女性同士の会話の悩みを聞いていると、これのやり合いをしてしまったために、最終的に「私たち、なんの話をしてたんだっけ?」となることが多いと聞きます。

要注意！　女の「共感表明」は男にとっては会話泥棒

これ、実は女性側の心理としては「わかるよ、私もね〜……」という「共感」を示している場合が多いのです。

女性は共感によるコミュニケーションを重視するとはよく言われていますが、これが女性同士なら、ころころ動く会話を楽しむ術《すべ》も身につけていますので問題のないことも多いでしょう。

しかし、共感をコミュニケーションのベースに持たない男性はこの構造を理解できず、ただ「会話泥棒」されたと感じ、もやっとしてしまうことも多いのです。

しかも、このすれ違いは、付き合ったあとも続くことが多く、この積み重ねが大きなすれ違いの原因になったりすることもあります。

例えば、彼が朝「全然寝られなかった」と言ったとします。そのときに彼が求めているのは、「どうしたの？　仕事が終わらなかった？」という原因の共有と気遣う言葉です。

彼が眠れなかったのは、同僚の終わらない仕事を急遽《きゅうきょ》手伝ったとか、会社のミスを1人で背負って頑張ったとか、そういう武勇伝的な眠れなかった原因を話したいと思っているものなのですね。

そのうえで、「そんなに頑張ったんだ。大変だったね、偉いね。早く終われるといいね」と称賛と労《ねぎら》いの言葉をかけてほしいのです。

それなのに、「私もパトカーのサイレンがうるさくて全然眠れなかった！」などと返されて、がっかりする。

このようなすれ違いは、日常生活で起こりがちです。

男女特有のすれ違いを、女性はかなり強く意識すべきでしょう。

すれ違い克服！
3つ聞いて1つ答える「ワルツのリズム」で

すれ違いを克服するための会話の基本は、**自分のことを話したあとすぐに彼の話題に振る**こと。

一番のNG例は以下の通り。

あなた様「最近◯◯という映画を観たんですけど、すごくよくて。ただ、観ていて辛くなる物語でその後、気分が落ちちゃいました。そんなところに、親との電話でケンカをしちゃったんです。いつもだと流せる言葉なのに、そのときはイライラしちゃって溜《た》まっていたものが爆発しちゃった感じ。その後もずっと親とは仲直りしていないままなんですけどね。まぁ、友達に八つ当たりしなかっただけいいかって。そういえばこの間、友達が彼にひどいことを言われたって……」

どうでしょう。この1人連想ゲームのような会話。1人芝居を延々と観せられている気分の彼の恋の温度は一気に急降下。マイナス5℃くらいに冷めます。ベストは、**自分の意見と感想を伝えて、すぐに相手に振ることです。1分以上会話のボールを持ち続けてはいけません。**

ここで役に立つのが「質問」と「継続会話」です。

質問はわかりやすいですね。たくさん彼に質問してください。

3つ聞いて1つ答えるくらいのバランスが理想です。

話のテンポは彼に合わせて「会話のダンス」を意識するのです。自分のことばかり長く話しすぎずに、彼と一緒にワルツを踊っているイメージです。3つ彼に聞いて1つ自分の話をする。**ワルツのリズムがベスト**です。

「継続会話」というのは、先に出た話題をさらに深掘りする返答です。

すべては「慣れること」が大切ですから、最初から上手くやろうと思わなくても大丈夫ですよ。

ここからは実例です。

あなた様「最近観た◯◯という映画がすごくよくて（自分の感想を伝える）。◯◯さんは最近、何か映画、観ましたか？」
彼「トム・クルーズ主演の『ミッション：インポッシブル』がよかったな」
あなた様※その作品を知っている場合↓「私も観ました！　あれ最高ですよね！（かなり大げさに同意）」
あなた様※その作品を知らない場合↓「そんなによかったんですね！　それは観ていないんですけど、トム・クルーズ作品なら『トップガン』は観たことがあります！　プライベートでもこのあいだヘリから落ちていましたよね？」
彼「落ちたんじゃなくて、パリ・オリンピックの閉会式に降り立ったやつね」
あなた様「あ、あれ落ちたんじゃなかったんですね！」

彼「落ちたら、普通に死ぬからね（笑）」
あなた様「そうですよね。『ミッション：インポッシブル』私も観てみます（継続会話）。他にもオススメの映画、ありますか？（質問）」

映画の話に振らない場合は、パリ・オリンピック閉会式の話から、

あなた様「ヘリから落ちるといえば、スカイダイビングはしたことあります？（質問）」
彼「スカイダイビングはないなぁ。怖いじゃん」
あなた様「じゃあ、バンジージャンプはどうですか？（質問）」
彼「バンジーはやってみたいと思ってるんだよね」
あなた様「じゃあ、バンジーができるところ、探しておきますよ（継続会話）」

というように話をつないでいきます。
これで、次につながる継続会話が「私もその映画観てみます」と「バンジー

ができるところ探しておきます」の2つできたことになりますね。

つまり自分の話から相手に振って、質問力を駆使して継続会話に発展させていくことこそが、恋愛が前に進む会話力だと考えてください。

「映画を観てみます」と答えたなら、次のステップとして、3日以内にその作品を観て感想を伝えましょう。

あなた様「映画観ました！　ずっと興奮状態でした……。かっこよくてドキドキしちゃいました」
彼「そういえば、あの作品、続編があるらしいよ」
あなた様「続編があるんですか？　よかったら一緒に観ませんか？　2人で観たらもっと盛り上がれそう！」

などと、次のデートへとつなげることも可能になるので継続会話は重要です。

また、「ちょっと敷居が高くて自分からは誘えないです……」という方は、次のような会話の転換もおすすめです。

あなた様「あの映画が好きなら、◯◯さん、この作品も好きそう。よかったら観てみてください。◯◯さんも他にもオススメがあったら教えてくださいい！」

といった流れに持ち込むのもありです。
その流れで次の機会を待ちましょう。

友達以上恋人未満からの脱出方法

ここまでのことを実践するなかで、まずは彼と普通の会話ができるようになってきたのではないでしょうか。

この段階になると、「時々、ご飯にも行く仲だけど、友達以上恋人未満の関係からなかなか進まない」という方もいらっしゃるかと思います。

その停滞状態からどうすれば恋愛関係に発展できるのかをご紹介します。

ライトなボディタッチでハートをキャッチせよ

友達以上恋人未満で、確かに彼の好意を感じているのにそれ以上は何も進まないというケースがあります。

その場合はボディタッチを意識してみてください。

ボディタッチってあざとい女のイメージがありますが、実はそうではないのです。

例えば、猫の頭を撫《な》でるのって、あざといでしょうか？　うさぎが可愛くてそっと抱きしめることがあざといでしょうか？　誰もそんなことは思わないはずです。

愛《いと》おしいと思う存在に触れたいと思うのは人間の自然な感情であり、行動です。ボディタッチがあざといと思うのは、自分の素直な感情よりも、周りの目を気にしすぎてしまっているからかもしれません。

あなた様が好意を抱く相手に近づきたい＝触りたいというのは、自然な感情ですよ。

ぜひ、自分自身でその感情を肯定してあげて、そしてボディタッチをすることで心の距離を近づけて、愛情を深めることを考えてみてください。

ただし、ボディタッチが多すぎると男からすると品のない女性に見えてしまいます。

だらしない女性の印象を与えてしまうばかりか、他の男にもしているんだろうなと思われてしまわないように注意しましょう。

ボディタッチはどのようにすれば品よく見えるでしょうか。

例えば、2人で会える関係になったあと、「最近、どこか旅行に行きましたか？」と話を振ってみてください。

「沖縄に行ったよ」と返ってきたら、「写真を見てみたいです」とお願いしましょう。それに彼が乗ってスマホを差し出してきたら、思い切りスマホをのぞき込んでみるのです。

第4章で出た「45cm空間」への侵入でもあります。

このとき、意識してほしいのは、写真を1枚見ても離れずに、そのままの体勢をキープしてトークを展開することです。

あなた様「何かいいお店ありました？　これ、三線《さんしん》？」

彼「三線のライブが楽しめるお店があってね、カチャーシー（沖縄の伝統舞踊）っていうんだっけ？　最後にみんなで踊ったんだよね」
あなた様「踊っているところ、見たい！　その写真か動画、あります？」
彼「いや、みんな踊っちゃってたからその写真も動画もないなー。でも、盛り上がったよ」
あなた様「○○さんって盛り上がる印象ないですよね？　いつもクールっていうか……」
彼「まぁ、しないよね、普通は。あれは沖縄マジックだろうな」
あなた様「今度、盛り上がっている○○さんも見てみたいです（**継続会話**）。目撃しても周りには内緒にしておきますから（**2人の秘密**）」

この会話のラリーで学びたいのは、「**2人の秘密**」を作ること。

これは「**クロージング効果**」といって、他人は知らない秘密を共有することで、そこから恋心が芽生える仕組みです。

こんなことを言うと「露骨すぎる！」とか「恥ずかしすぎる」と感じるかも

しれませんが、実は、男には察する能力が備わっていないもの（笑）。

笑顔もそうですが、例えば**彼を褒めるリアクションも少しオーバー気味にして、自分の想いを伝えることが大切なのです。**

彼へのお願いは右耳にささやいて！ボディタッチは肩から肘が急所

そのターンが終わったら、今度はあなた様のスマホからお気に入りの写真を見せましょう（そのために、見せる写真のフォルダを作っておくなど、事前準備も抜かりなく！）。

そこまで向かい合って座っていたとしたら、「そっちに行ってもいいですか？」と、隣同士になるように座る位置を移動してみてもいいですね。

かなり難易度高めですが、男は基本的にひざから太もも、肩から肘に隣の女性が触れていると無意識のうちに興奮してきて、「自分はこの女性が好きなんだ」と錯覚します。

向かい合って話すという緊張状態から、隣で身体が触れ合っているというリラックス状態へさり気なく移行することで生じる感情の変化を、彼は「あなた様が隣にいると心地よい」と認識しやすくなるのです。

また、彼にはできるだけ身体の右側から接触するようにしましょう。

人間は無意識のうちに身体の左側にある心臓を守ろうとします。

なので、右側から接触することで彼の警戒心を解くことができるのです。

同じように、彼にお願いごとをする場合は、右耳に囁《ささや》いたほうが効果的。

脳科学の研究によると、脳は左半球が積極的感情を司っているため、右耳に話しかけることで、その言葉を受け入れやすい左半球にメッセージが伝わります。

彼の隣にいるときは、不自然にならない程度に彼の右側をキープするように

意識しましょう。

そんなことを言ってもいきなり隣同士は難易度高いですよね。

やってみる前から否定形で入るのはよくないですが、そういうあなた様には特別に、向き合ったままでもできるボディタッチ術を伝授しましょう。

ボディタッチ術①
彼を時計代わりにする

一緒に過ごして1時間くらい経過してからやってみたいのは、「彼を時計代わりにする」ことです。

「今、何時ですか？」と聞くのではなく、**彼の手首ごとこちらに向けて、彼の腕時計をのぞき込んでみてください。**

こうして、彼に触れるという行為への抵抗を少しずつ減らしていきましょう。

この方法もあざといと感じる場合、あえて「こうやって触ると私もドキッとしますね」とはにかみながら自らバラしちゃいましょう。
そうすることで「彼女もドキドキしながらこれをやっているのか、しかもそれを隠さないところも可愛い」という気持ちになるはずです。

もし、**それでも気恥ずかしい、という場合は冗談のノリに昇華してもOK**。「さりげなく触るといいって書いてあって……」と言いながら思いっきり彼に触ってみてください。
軽くポンポンと彼の腕を叩くくらい（猫のお尻をポンポンするくらい）のタッチも有効です。「全然さりげなくないんですけど〜！」くらいの彼の返しで笑いに変えましょう。

笑いに変えるというのは、これまでにもご紹介しています通り、とても有効な作戦の1つであったりもします。

例えば、「私、手相が見えるんですよ、当たるって評判なんです」と伝えて「じゃあ、見てもらおうかな」と彼が手を差し出してきたら、彼の手に触れながら、じっと手のひらを見て（彼が35歳なら）「うーん、28歳で大失恋しますね」などと大嘘を言ってみましょう。
「もう（年齢を）超えてんじゃん！」という彼のツッコミも期待できますよね。「7人と結婚しますね」「一夫多妻制かよ！」みたいな流れに持っていくこともできます。

ボディタッチ術②

本気のじゃんけんと腕相撲で恋を成就

本気のじゃんけんや腕相撲も、恋の発展には効果的。「私、誰よりもじゃんけん（腕相撲）が強くて、この3週間は連勝中です」と言うと、きっと彼は「じゃあ、やってみようよ」と乗ってくるでしょう。

ここで、じゃんけんでも腕相撲でも、何回かやってみるとあなた様はあっさり負けるでしょう。勝負はここから。そのときに大げさに褒めることがポイントです。「さすがですね……」「こんな人いるんだ……」など、場を盛り上げてから、こう言うのです。

「ちょっとパンチしていいですか？」

これも「なんでだよ！」と突っ込まれますが、普段からジムやサウナ好きな彼には効果的です。

あなた様「だって、鍛えてそうだから」
彼「まあ、鍛えているけどマジでパンチしたいの？」
あなた様「うん。だってさっき、じゃんけん（腕相撲）負けたから」
彼「それ、意味わかんないけど」
あなた様「どこならパンチしてもいいですか？」

鍛えているという事前リサーチがあれば、かなり本気でパンチしても大丈夫です（笑）。ただ、このテクニックは学者などの研究者系や、芸術系のクリエイターのタイプにはマイナスに働くのでＮＧです。あくまで身体に自信がある、という人に向けましょう。

ボディタッチ術③
彼をつり革代わりにして急接近

実は晴人は元俳優です。ですから、恋愛ドラマさながらのシチュエーションなら、僕にお任せあれ。次は彼と一緒に電車に乗っているシーンでの攻略方法です。

ご飯に行ってたらふく食べて飲んで盛り上がったあとに電車に乗ったとき。

酔った勢いに任せて彼をつり革にするのです。

女性の場合は背丈の問題で、混んでいるときはつり革に手が届かないことがあります。そんなときに彼の腕をつかむのは自然な流れなので、彼もあまり抵抗なく受け入れてくれる可能性大です。

そのときの会話術ですが、周りにたくさんの人がいたとしても「やっと2人きりになれたね」と呟いてみてください。「周りに人、いっぱいいるし（笑）」と彼に突っ込ませるくらいの距離感になれたなら、恋人となるまであとひと押しです。

ボディタッチで距離を縮めて、それを笑いに変えていくことで、彼にとっての特別な存在になることが大切です。それをあざといと言うならば、あなた様もあざとい女になればいいのです。あざとい女、上等です。

恋愛初期が本音恋バナのベストチャンス！

さて、ボディタッチで距離を縮めたあとは、さらにもう一歩彼に踏み込んでいきましょう。彼と真剣な話をしていくのです。

基本的に真剣に恋について話そうとすると、男はエロトークに逃げる確率がかなり高いです。

そうなったら笑っていられる範囲で話を合わせせつつ、**エロトークだけ盛り上がって肝心の話が何もできないという状況は避ける**ようにしましょう。

これは実際の会話だけでなくＬＩＮＥのやり取りなども同じです。

彼が喜んでくれるからと、彼ばかりに会話を合わせていくと、だんだん不安が増えていきます。「彼はＨなことがしたいだけ？」「彼は遊びたいだけ？」「ちゃんと私のことを考えていない？」そんな不安で頭がいっぱいになり、たとえ笑顔を取り繕っていても、あなた様の不安が爆発する日が来てしまう。
そうならないためにも、**2人の間で確認作業を進める勇気**が大切です。
「どういう恋愛が理想？」「結婚願望はあるの？」など、恋愛に関する本音トークは早めにするようにしてください。

デートを重ねても恋の話を避けていると、時間が経てば経つほど真剣な恋愛話はしづらくなってしまいます。

基本的に男はお付き合いをする前が一番、未来のことを語ります。「何年以内に結婚したいと思っている」「奥さんには、（働かず）家にいてほしい」など、男が積極的に未来について話す時期です。

ここで受け身になってはいけません。

未来について語る彼を前に、あなた様が、「（こんな話をしてくれたのだから）きっと彼は私との関係性を前向きに考えてくれているのだろう」「彼が（交際や結婚について）言い出すまで我慢しよう」と安心して受け身になってしまうと、男も「まだいいか」となり、そこから進展しなくなり、長すぎる春を迎えることも非常に多いケースです。
恋愛初期のベストタイミングをつかみましょう。

直接的な会話を避けつつ、彼と結婚する方法

お付き合いしていなくても2人でデートできる関係になり、なんとなくお付き合いが成立したものの、それ以降、全く進展がなく時間が経ってしまった。恋愛初期の真剣な恋愛話をするタイミングを逃してしまった……。

そういった場合でも、**できるだけ早いうちに一歩踏み込んだ恋愛話をしましょう。もしあなた様が彼と結婚したいのであれば、なるべく早く結婚を意識させるべきです。**

これが真剣交際であることを意識づけるのは、あなた様が不安に陥らないためにも、早いほどいいのです。

そうは言っても、なかなか踏み込めない……という場合に外堀から埋める会話をここでご紹介します。

例えば、「親が会いたいんだって」「この家、更新が来年なんだよね」「今の働き方はあと、1、2年にしようと思ってる」というような会話を日常のなかに含ませるやり方です。

気をつけていただきたいのは、このときに彼が黙ってしまったり不機嫌になってしまう可能性があるということ。

けれど、それはあなた様が悪いわけではありません。男性はそういうふうに真剣に決断を迫られることが苦手なものなのです。

「彼を怒らせた」「私が焦りすぎた」「失敗した」と落ち込まないでください。お付き合いをしているのなら、また、2人の未来を真剣に考えているのなら、当然話題にするべき会話です。

彼が真剣な話を嫌がるときに借りたい、映画やCMの力

もし彼とこういう恋愛の本音話ができない、もしくは彼が嫌がる場合は、さりげなくテレビドラマや映画、音楽などエンターテインメントの力を活用しましょう。

例えば映画。あなた様から一緒に観たい映画をさりげなくリクエストするのです。今は定額制でNetflixやAmazonプライムなど、さまざまな作品を家で観られる環境が整っている方も多いと思います。

彼と部屋飲みをしていた場合、「なんか観よっか？」という瞬間が来たとします。そのときに、「前から観たかった映画があるんだよね」と、あなた様が作品を選択してください。

そのときに選ぶべき映画は、男女がさまざまな問題を乗り越えながらハッピ

ーエンドを迎えるストーリーです。

僕のオススメは洋画部門であれば、『きみに読む物語』『アバウト・タイム』『きみがくれた物語』など。邦画部門だと、菅田将暉さんと小松菜奈さんが結婚するきっかけとなった『糸』などもオススメです。


観終わったあと、彼はおそらく無言になりますが、その沈黙を恐れないこと。

彼は映画を観ながらこう思っているはずです。「どうして彼女はこの映画を選んだんだろう？」それは、あなた様が無言で彼に伝えているメッセージとなるので、微妙な空気が流れたとしてもしっかり彼に考えてもらう時間を作ることが大切です。

あなた様は飲み物を入れ直すか、デザートでものんきに出しておきましょう。

さて、2人で観る作品を自分で選べない場合、もしくは彼に提案しても、彼に拒否された場合は、テレビの力を借りましょう。

テレビのCMには赤ちゃんやマイホームの場面がよく流れますよね。そこがポイントです。

赤ちゃんのＣＭが流れたら、「もし将来子どもを持つとしたら名前を何にしたい？」、マイホームのＣＭが流れたら、「今、家を建てるとしたらどこに建てたい？」といった会話です。

あくまでも、**サラッとした日常会話に混ぜる**こと。

そうやって２人の未来を日常会話のなかで想像させる機会を増やしていきましょう。これを「**脳の活性化拡散**」といいます。

未来を想像する会話のなかで、「こういう名前って可愛いよね」「こんな車に乗ったらドキドキする」「ああいうところに住めたら幸せすぎる」「私、感動して泣く」などと、**彼にいいイメージを抱かせるような単語をたくさん口にして意識に刷り込みをしていく**のです。

それを続けていくことで彼も無意識のうちに、付き合う＝ドキドキ、同棲＝人生の前進、結婚＝幸せ、のように今後の恋愛に対するイメージが少しずつ変わっていくのです。

そのためには未来の話を怖がらないこと。

あなた様は彼と幸せになる権利があるのです。

だからこそあなた様は彼と出会い、真剣に悩み、こうして今本書を読んでいるのです。今の状況から進展できるヒントが本書にはあるので、ぜひ受け取ってくださいね。

第6章

このままでは終われない！起死回生の復縁術

お別れとの向き合い方

彼のことをもっと理解できた。それに、自分自身とも向き合うことができた。これ以上できないくらいに、努力した。

ここまで読んでくださったあなた様は、誰よりも恋愛に本気であり、向き合おうとしていることを知っています。

一方で、どんなに頑張っても恋愛は1人ではできないことから、やむにやまれぬ事情が重なるなどして、好きな彼と付き合えても、別れが訪れてしまうこともあるでしょう。

僕がカウンセリングをしていて、一番多いのも復縁のご相談です。

今までたくさんの方を復縁へと導いてきました。そのテクニックをご紹介します。

彼から別れを切り出されたときは

彼から「別れよう」と言われた場合は、まずはあっさり別れてください。ここまで読んでくださったあなた様は、できることは十分にしたはずです。

また、もし「ここができていなかった」という未練ややり残しを感じたとしても、もし別れの段階まで来ているのだとしたら、ここは一度ぐっと決意をし、きっぱり別れるのです。

そして、最高の印象で別れることを意識しましょう。

NGなのは、泣き叫ぶ、なんとかして続けようとする。一番避けたいのが、話し合いからの説教です。

「私はいいけど、これ以上こういう女性を増やさないでね」

「私はもう関係ないけど、そういう性格直したほうがいいよ」

などを言ってしまうと復縁が難しくなってしまうので、最後だから、と思っていることをすべてぶつけないことが大切です。

ただ、彼から別れを切り出されたときに原因が全くわからない場合は、ちゃんと会って話す時間を作りましょう。

相談に来られた方で、「どうして別れたんですか？」と聞いても「原因がわからないんです」と答える方がいらっしゃいます。

「（彼に）尋ねなかったのですか？」と聞くと「聞かなかったです」とおっしゃる。別れた理由がわからないままでは、その後の対策が立てられなくなってしまいます。

「あっさり別れる」というのは、執着しない、しがみつかないという意味であり、原因を聞かなくてもいいということではないので、注意してください。

彼が別れ話で話した言葉の裏の意味を探ってみましょう。

・あなた様を幸せにできるかわからない
・1人で考える時間が欲しい
・結婚や将来が想像できない

例えば、このようなメッセージで別れ話を切り出されたとしたら、その彼の意図として考えられるのは彼のプレッシャーです。別れの理由としてとても多いパターンです。

恋愛に対する距離が近すぎるか、あなた様が抱く彼への思いが強くなりすぎていて、彼1人の時間が確保できていない可能性があります。彼があなた様を重たく感じてしまっている可能性があるのです。

一方で、次のような言葉を彼が口にしたのだとしたら、一度友達に戻ってから仕切り直すことも可能かもしれません。
「○○ちゃんのせいじゃない」
「今も好きだし」

「友達ならいいよ」

あなた様どうこうではなく、彼が忙しすぎるとか、プライベートまで気が回らないなど、彼の人生の問題が要因だとも考えられます。

彼がキレているときの対処法

なぜ別れたいのか問いただしたときに、

「何回言ったらわかるの？」

「（何回言っても）変わらないじゃん」

「今さら会ってどうするの？」

彼からこんな言葉が飛び出してきた場合は、話し合いの必要はありません。

彼は今、かなり疲れているようです。

「わかった」と言って一度連絡をストップしましょう。

彼がこういう態度のときに「とにかく謝らせてほしい」と彼に連絡をし続けてしまう方がいますが、彼にはあなた様の思いは伝わっていますから、ここはいったん勇気のある撤退を選びましょう。

無理に会って謝ろうとしても、それはあなた様の自己満足だととらえられてしまい、余計に溝を深くしてしまう可能性があります。

別れてから10日以内にすることリスト

別れてから10日間は、復縁への伏線を張り巡らす時期だと心得ましょう。

涙に暮れている暇はありません。涙を拭いて、前進あるのみです。別れてから10日以内にすることをリストにまとめました。

・あなた様からは連絡しない
・彼からＬＩＮＥが来たら友達として、距離感を持って返事をする
・ＬＩＮＥが来たからといって「会おう」と誘わない
・ＳＮＳの更新ペースを落とす
・お互いの荷物について：あなた様の部屋に彼の荷物がある場合、彼が何も言ってこなければ、そのまま置いておく。数カ月後に荷物を取りに来たタイミングで復縁できる可能性もあります。また、彼から荷物の話があった場合は、「取りに来る？　それとも郵送しようか？」と彼に選択権を与えてください。そのときもあっさりとした口調と姿勢を心がけて。あなた様の彼への強い思いが溢《あふ》れ出してしまわないようにあっさりと。ここは我慢のしどころです。

別れて10日程度はこちらから関わりにいかないことが大切です。

別れたあとは、まずは彼に１人の時間を満喫してもらうことが一番大切。あなた様のことを考えるように仕向けるのはもう少しあとでいいでしょう。

別れて2週間後が連絡のベストタイミング

連絡をするのは2週間後。

何気ない文面のＬＩＮＥを送ってみましょう。

「寒いね」

「花粉症、大丈夫？」

「仕事大変？」

などなど。

送る内容は1行ＬＩＮＥでＯＫ。もしくは紅葉や桜、夜景など景色の写真だけでもいいです。それで、彼がどう返してくるか反応を見ましょう。

彼から、「キレイだね！」など、反応があれば、「でしょう？　最高だった」と感想だけ送りましょう。

間違っても「◯◯と見たかったな……」などと送ってはいけません。

あくまでも、この段階では、いったん、後腐れなく完全に離れたという印象を彼に持ってもらったほうが、のちのち有利に働きます。

彼と会話のラリーが続く場合は、2人が一緒にいた頃からの共通会話を意識してください。

このときに**大切なのは別れてから2週間後だとしても、1年くらい時が流れたような雰囲気で彼とやり取りをすること**です。

彼はいったん1人になりたくて別れているので、別れてからの会話で、別れる前と同じ雰囲気を出されると、情緒不安定と受け取られてしまいさらに距離が開いてしまいます。

「一緒にいた頃が懐かしいね〜」くらいのテンションが今のベストです。

会話としては「◯◯の飲んでたコーヒーってなんだった？」「◯◯の部屋のビーズクッションってヨギボーだったっけ？」など、彼が答えやすい質問にしましょう。彼から返事があったら「ありがとと！」で終わらせる。

その後、1週間以内を目処《めど》に「結局これにした」と買う予定のヨギボーやコーヒーの写真を送りましょう。それくらいの距離感がベストです。

「お、買ったんだね！　いいじゃん！」と来たところで、ここからようやくプライベートの話題も解禁です。

大体3週間後から1カ月後あたりになるでしょう。

別れて3週間後あたりから、勝負をかける

例えば「今さ、ネイルに興味があるんだけど資格取るのって意味あると思う？」など、具体的にあなた様が次の道をすでに歩き始めている＝彼に依存していないという姿勢を見せるようにしましょう。

間違っても、「2人の思い出のカフェに1人で行っちゃった」「◯◯とドライブで行った場所が忘れられない」などの重たい会話はＮＧです！

彼に会わなかった1カ月の間にあなた様がやるべきことは、自分の内面と外見を磨くことに100％集中することです。自分磨きリストを記しておきますので、いくつかピックアップしてやってみましょう。

■自分の内面＆外見磨きリスト

・健康的なダイエット
・ヨガ
・ウォーキング、ジョギング
・読書
・カフェ巡り
・ジム
・料理
・メイクを学ぶ

・髪や爪のケア
・現在の仕事からのスキルアップ
……などなど

別れてすぐに大切なことは、彼が知っているあなた様とは別人になることです。そういう意識を持つことであなた様の寂しさや苦しさの意識を彼にではなく、あなた様の内側のモチベーションに変えていくことができます。

そして次に彼と会えたときに、毎日意識している自分磨きリストから選んだいくつかの中から話題をピックアップしましょう。

「今、こういう本を読んでいるよ」「最近、エステに行ったらね……」とお付き合いしていた頃よりも話題が増えて、「俺がいなくても楽しそうだよね」と彼に思わせることができるようになります。

これは、彼の側からすると、

・復縁しても負担にならなそう

・距離が縮まりすぎることがなくなりそう
・2人でいても自分のやりたいことに集中できそう
・干渉されなさそう
・お互いが今度こそ成長していけそう
という考えにつながっていくことになります。

そして、その次がお誘いです。
彼とは「これからは友達として」という話をした、もしくは「付き合っている頃から映画に行く約束をしていた」という場合は、あまり作戦を立てずに彼を誘っても大丈夫でしょう。

それ以外の場合は、「友達として相談に乗ってもらえたら嬉しいんだけど、来月って忙しい？」というように聞いてみてください。
それで彼が既読スルーや「ごめん、ちょっと忙しい」などお断りの返信が来たら「わかった！　またねー！」と、引きずらずに会話を終了してください。

そのときに間違っても「そんなにイヤなんだね」や、「もしかして彼女できた？」みたいな会話はＮＧです。**彼に「（付き合っていた頃と）変わっていないな」と思われたら逆効果になります。**

彼に断られても「もうダメなんだ、やっぱり無理なんだ」と悲観的にならずに、自分磨きに戻って自分を高めることに集中しましょう。

ここからは、また初めから仕切り直し。

自分磨きに専念しながら、10日に1回のペースで彼への何気ないＬＩＮＥをスタートさせます。

ここまでが1クールで最短1カ月のコースです。

1カ月以内に会えなかった場合は、月に1〜2回程度連絡しながら様子を見ます。そのときも「寂しい」とか「会いたい」といった言葉はＮＧです。

2カ月目以降からは、SNSも通常通り更新してください。

復縁するためには「別れて失敗した」と彼に思わせる女性になることが大事

です。彼に関係なく内面と外見に磨きをかけてどんどん輝いていってください。

LINEも送れない関係になってしまった場合は

LINEが送れない関係になってしまっている場合は、**アイコンを盛れている他撮りの写真に変更**しましょう。

これは、シンプルに彼に「キレイになったな」と思わせる作戦です。

また、ヘアサロンに行ったあとに、「髪切った」と自撮りの写真を送ることも有効。彼に直接送れない場合は、Instagramのストーリーズやフィード投稿などにアップしてもいいでしょう。

あなた様が美しくイメチェンすればするほど、彼の印象は当然よくなりますし、さらには「他に男ができた？」「誰かに告白された？」など、彼の妄想をくすぐって「気持ちを切り替えて、俺のことは忘れてしまったのでは？」と不安にさせることができます。

実際には何もなかったとしても、彼にもう一度あなた様を追いかけたくなる気持ちにさせる効果があります。

彼の目に留まる方法で送ることを意識しましょう。

彼と復縁するために、他の男性とどんどん会おう

その際に他の男性と会っている空気を漂わせることもポイントです。

彼から「他の男と会ってる？」とか「声、かけられたりしないの？」と聞かれたら、チャンス到来。そのときは「○○君だけだよ♡」と返すのではなく**「まあああかなぁ……」のように上手にぼかして受け流す余裕を見せましょう。**

そして実際に他の男性と会う機会を増やしましょう。

夜ではなくてもランチやお茶のようなライトな場所でＯＫです。彼と離れている間に、他の男性と会って、さまざまな男性心理に触れる機会を作ることは、あなた様の男性に対する苦手意識を克服するのに役立つのでマイナスにはなりません。

また、彼とは別れているため、彼の目を気にする必要もありません。彼に嘘をつく必要もないので、堂々と会いましょう。

男だって甘えたいし、実は狩られたい

僕のカウンセリングでも、女性が他の男性と会い始めると元カレから連絡が来ることが不思議と多いのです。

これは彼が本能的に、あなた様が自分から離れてしまうかもしれないと危機感を持つからなのかもしれません。

他の男性と会うと彼が嫌がるのではないか、自分からもっと離れてしまうのではないかという考えは間違いです。

彼と復縁するためには、他の男性とも会ったほうがいいということを覚えておいてください。

彼がそもそもなぜあなた様と別れる決断をしたか。

先ほども少し触れましたが、あなた様と一緒にいるときに将来を考えられなくなってしまった、一緒に成長できるイメージが湧かない、あなた様から受ける感情に疲れてしまった……などが多くのケースで当てはまります。

第1章でお伝えしたような、**「男心が消耗されてしまい、彼の心が動かなくなってしまった状態です。**

男は狩猟民族であると書きました。

とはいっても、男性のほうも完全に女性を養いたい、すべての選択の責任を負いたいということはなかなかなく、男性だって責任を分担してもらいたいと思っているし、疲れたときや寂しさを感じたときには癒され甘やかされたいと本心では思っているのです。

これを僕は、「**時には狩られたい願望**」と呼んでいます。

選択の結果を全部背負い込むのではなく、パートナーも当たり前にそこにいる存在なのではなく、時には自分を狩りに来るくらいの魅力を持った人間にアプローチされたい。

一緒に将来に向かって進みたい。

そう思っているのです。

そんな気持ちに寄り添って、自分と一緒に人生を歩いてくれる存在を望んでいるのです。

彼と再び会える関係になったらするべきこと

ここまでの努力が実を結び、めでたく再び彼と会うことになったときの対処法をここからは学びましょう。

まず、デートの場所はあまりこだわらず、彼に任せて大丈夫です。

あなた様が決める場合は映画鑑賞や近所のチェーン店でのランチなどカジュアルなところを選び、思い出の場所など意味があるところは避けたほうが無難です。

そして大切なのが、その際の会話です。

この復縁デートの最終ゴールは彼に「あなた様が変わった」と思わせることです。お付き合いしていた頃の話が出た場合は、ちょっと遠い目をしながら、「私が未熟だった、本当にごめんね」と返しましょう。

ここでのポイントは、まるで自分の小学校時代を思い出すかのごとくの「遠い目」です。彼を追いかけたり苦しめたりする意図がないことをはっきり彼に言葉と態度で伝えましょう。

間違っても感情を爆発させて、「なんであのときこう言ったの?」や「なんで連絡くれなかったの?」といったことは聞かないでください。

あなた様からすると当然の感情だったとしても、彼にはそれを悟られないこと。彼にはそういった感情を一切見せずに明るく接してください。

過去の話は、極力せず、するとしても楽しかったときのエピソードトークだけでまとめるのがベストです。

そして、彼があなた様の現在の男性関係を聞いてきた場合は、笑って聞き流しましょう。

適当にあしらいつつ「確かに前よりは誘われる頻度は増えているからモテ期到来かも。でも今は恋愛するつもりはないし遊ぶつもりもないけどね」という姿勢を貫きましょう。

デート中の会話は、基本は彼の話を8割聞いてあなた様の話は2割程度にして、彼の話は肯定しましょう。

そして一番大切なのは笑顔です。

「付き合っていた頃よりも明らかに表情が柔らかくなり笑顔が増えて、明らかに今のほうが楽しそう」「付き合っていたときはこんなに笑うコだったっけ？」と彼が思えば思うほど、彼はあなた様の男性関係を聞き出そうと躍起になります。

彼にもう、次の相手がいるとき

話の流れで彼の女性関係が話題にのぼったときに「実は……（あなた様以外

で）気になる人がいて」という流れになることもあります。

「（今後）付き合うかも」または「もう付き合っているんだ」ということもあるかもしれません。

もちろんショックで精神的に追い込まれ大パニック状態になると思いますが、そんな**感情はぐっと押し殺して、「おめでとう」と伝えてあげましょう。**

この場合は理解のある女友達として彼に接するのが得策です。間違っても涙を流したりしないように。


これには、僕の男側の心理とカウンセリング経験に基づいた確固たる理由があります。**彼女ができた、もしくはできそうという状況で元カノに会う男はほとんどいません。**

そんな状態で元カノに会ったら、今一番大切にしたい彼女を失うことにつながりかねないからです。


なので、**もし本当に彼女がいたとしてもあなた様と会っている時点で、あな**

た様への愛情は確かに残っていると言えるでしょう。

けれど、今すぐあなた様と復縁することは同じことの繰り返しになるかもしれないと考えて、あえて「彼女ができた」と話しているとも考えられます。

だからこそ、このときに余裕のある対応ができれば、さらにあなた様への印象はアップするでしょう。

別れた彼が下心を持って接してきたら？

問題はこのあとです。彼があなた様に下心を持った行動を仕掛けてくる可能性があります。

カフェや居酒屋で会ったあと、「家に来ない？」とか「ホテルに行こう」と誘ってきたり、車で送ると見せかけて車中でイチャイチャしようとしたり、「散歩しよう」と歩き出し、人気《ひとけ》のないところでキスをしてくるなど……の可能性が想定されます。

その場合は、よい印象をキープしたまま、下心だけ返上するのが正解です。相手の両手を笑顔で握りしめて「焦らないで」と伝えて抱きしめてください。「○○君にはカッコいいままでいてほしいな〜」と彼の自尊心をくすぐりましょう。

彼側からすると、ここで（復縁しなくても）あわよくばの下心を出して、あなた様と一線を越えることができてしまった場合、2パターンの展開が想定されます。

①自分のその場限りの欲望に負けた自己嫌悪からあなた様に会うのを控える。
②付き合わなくても抱けると調子に乗って、セフレのようにあなた様を雑に扱うようになる。

どちらに転がってもよい結果にはつながらないので、「また今度ね」と余裕を持って、「（ここで欲望に負けると）◯◯君にとってよくないから（私が）止めてあげる」という空気感を出しましょう。

ここで一線を越えると、復縁しなくても付き合っていた頃と同じことがすべて気軽にできるライトな関係が出来上がってしまいます。

気楽に連絡できて、都合のよいときに会えるし呼び出せるし、挙げ句にセックスもできる。しかも相手は復縁も求めてこないから好都合。

となると、彼は干渉も束縛もされるリスクなく、あなた様と付き合っていた頃と全く同じことが自由にできるという状態になります。

これはまさにセフレ状態。

そして徐々にあなた様を雑に扱う未来がやってくるでしょう。

だからこそ、ここで一線を越えることは絶対に阻止しなくてはいけないのです。

身体の関係を持ってしまった場合の対処法

一線を越えてはいけないとわかっていても、すでに身体の関係を持ってしまったという方もいるかもしれません。

そこから巻き返しができるかどうかという相談も、カウンセリングに多く寄せられています。

僕が今までカウンセリングしてきた経験から言うと、**ここからでも復縁は十分可能**です。

ここから挽回するためのキーワードは、「**毎回身体の関係にならないこと**」です。復縁していないのに勢いで一線を越えてしまった場合、あなた様はもちろん、彼にもダメージが残ります。

彼自身も、「その場の衝動に勝てずにやってしまった……」と少なからず反省するため、あなた様と会う頻度が減るなど少し距離が遠くなります。

ここからは仕切り直しです。

あなた様はなるべく気にせず、また10日に1回の頻度で、写真だけや1行から3行程度のLINEを送りましょう。

そうすると彼は「（あなた様が）怒ってないのかな……？」「そこまで気にしていないのかも……」とあなた様の反応に少し安心します。間違っても「嬉しかった♡」とか「私は後悔してないよ」という内容や思いの丈を綴《つづ》った長文LINEは控えてください。「この前は、楽しかったね～」くらいで、一線を越えてしまったことに全く触れないのが正解です。

そこからまた振り出しに戻り、彼との接点を深めていくのですが、次また会う機会が訪れたら、手をつなぐくらいならＯＫですが、それ以上の関係には進まないことが何より大切です。

次に会ったときにそういう雰囲気になったら、「私、付き合っていない人とは本当はしないいんだ」とちゃんと目を見て、「あなたを信じる」という空気で彼に気持ちを伝えましょう。

それは、彼に「あなたとだけしない」のではなく、「付き合っていないなら誰ともそういうことはしない」という意思表示になります。

これで彼に、あなた様が誰とでも寝るような軽い女ではなく、付き合っていてもいないのに簡単に手を出してはいけない女性なんだと認識させることができるのです。

都合のいい女から抜け出す、魔法の言葉

遊びの女性と彼女の違いはまさにここにあります。

それでも彼の言う通りにしないと彼が自分から離れていってしまうと感じる

場合は、あなた様自身の問題です。
恋愛の前に自分を愛し大切にするという気持ちを育みましょう。

自分を愛すための魔法の言葉があります。

人は自分が言葉に出した通りの人間になっていきます。なので、自分を変えるために必要なのは、口に出す言葉を変えていくこと。言葉を変えることで感情が変わり、感情が変わることで行動も変化していくのです。

魔法の言葉は、毎日10分程度テレビを消してスマホを見ない時間を作って、自分自身の心に向かって呟いてください。

鏡で自分の顔を見ながら呟くのも効果的です。呟く言葉とは、

・私は自分の心と身体を大切にする。
・誰にも雑に触れさせない。
・私は今も愛されている。

・私は今も守られている。
・彼も自分も信頼している。
・今は待ち合わせの途中。
・今日は幸せへの通過点。
・この時間に感謝します。

語尾を変えるなど、あなた様の心に入りやすい言葉に置き換えていただいても大丈夫です。

この言葉を呟くこと自体が苦しく感じてしまうときは、今まで乗り越えてきたことを振り返ってみてください。

あなた様には、これまでの人生のなかで、今以上に苦しい時間があったはずです。それでも、そんな夜を何度も乗り越えて、あなた様は今、ここにいます。

過去のあなた様よりも今のあなた様は確実に強くしなやかになっています。自分の足で立てています。だから今回も大丈夫。

今までのように乗り越えていけるし、こういう経験をしたからこそ、あなた様はもっと魅力的になっていく。そう信じて言葉を唱えましょう。

彼に今すぐ会いたい気持ちを封印して、辛い夜を越えて、自分磨きに集中していきます。

髪型を変え、メイクを変え、洋服をチェンジしてどんどんキレイになっていくあなた様の変化の過程を彼に見せつけてください。

魔法の言葉を唱えつつ自分磨きをしているあなた様の自撮り写真は、一線を越えてしまったあとの復縁大作戦にとても有効です。

10日に一度のＬＩＮＥで「今、ここに来ているよ～」などの自撮り写真を送ってみましょう。先述しましたように、男性は視覚から情報を読み取るため、文章で伝えるよりも写真のほうが効果的です。

自分がいなくてもあなた様が毎日を楽しみ、どんどんキレイになっていく様子を目の当たりにして、彼はきっと、今のあなた様に会いたくなり、また誘ってくるでしょう。

ここまで来たら、元の関係に戻ってリスタートが可能になります。

一度、彼の衝動に負けて身体の関係を持ってしまった場合は、もう一度あなた様自身の価値を高めることに集中することが何よりも大切です。

間違ってもズルズルと身体の関係を続けないことが重要と心得ましょう。

そのうえで、ＬＩＮＥのやり取りや、身体の関係のないデートを重ねていくことで、彼のほうから「俺のこと、今も好き？」「今の俺って、君からどう見えているの？」という問い掛けが増えてくるでしょう。

そのときもすぐにＯＫを出さず、

「大切な存在だと思っているよ」

「でも、このままでいいとは思ってないよ」

とはっきりと伝えてください。

必死に真面目に伝えるのではなく、明るく笑顔で伝えるイメージです。

笑顔と余裕がここでは重要になります。

過去の恋愛の記憶には男のほうが繊細である場合が多い

カウンセリングをしていると「彼から告白してくれるでしょうか？」ということにこだわっている方がいらっしゃいます。

けれど、当たり前のようにＬＩＮＥで会話のラリーがあって、会える関係性に戻ってきているならば、どちらからともなく「（もう一度）付き合う？」「そうだね」というのが自然の流れです。

もはや告白はどちらからでもＯＫです。

「絶対に彼から告白してほしい」と思っている場合、もし断られたら立ち直れないというあなた様の思い込みの気持ちが大きいのではないかと考えられます。

過去のカウンセリングを介して女性の気持ちにも触れ、男性心理も学んでいる立場から言うと、**恋愛において、過去に付き合った相手に対する思いは男のほうが繊細です。**

絶対に忘れることはありません。

女性は、一度別れて次の恋に進むと元カレに対して気持ちがなくなり思い出すこともないという方もいらっしゃるという話を聞きますが、それに比すれば、男性はずっと覚えている比率が高い気がしています。

別れた今でも、元カノに対して特別な存在でいたいと感じています。あなた様の存在は彼にとってとても大きいものなのです。

なので、**もし断られたとしても、彼の心のなかのあなた様の存在は消えることはありません。**

男の好きなタイプは一生変わらない

さらに、男心でいうと男の好きなタイプは一生変わることはありません。

ですから過去に付き合ったことのあるあなた様は、彼のタイプだったということ。今、ダメだったということはタイミングが合わなかっただけ。

いい関係をキープしていけば、彼が結婚しない限りはチャンスがあると考えて大丈夫です。

大切なのは最初に別れたときの不安なあなた様を彼に見せないこと。

余裕を持って彼に接する。そして自分磨きを怠らなければチャンスは何度でもやってきます。自信を持って続けてください。

立ちすくんで泣きわめいて神様に追いすがっていても、チャンスはやってきません。正しく男心を知って、行動あるのみです。

彼との隙間や「寂しい」の埋め方 〜そもそも「寂しい」って何？〜

「彼（好きな人）と会えなくて、心の隙間が埋まらないんです」

カウンセリングでも、YouTubeのコメント欄でもこういう相談が多いなぁと感じています。


結論として、「寂しい」のは、生存本能なんだよということなんですが、「寂しい」と感じることありますよね。僕もあります。

「何をしているのかな」「どこにいるのかな」「私のこと、どう考えているのかな」って当然思うし、その寂しさをなんとかしたい、できれば彼に埋めてほしいと思うんですよね。

では、「寂しい」ってそもそもなんでしょう？

僕は、**人ってもともと寂しい生き物**だと思うんです。


例えば、鑑定中にネガティブ・ポジティブという言葉をよく聞きます。

鑑定後に「ポジティブになります」とか「頑張ります」っておっしゃってくださる方が多いのですが、皆さん、僕に会う前からめちゃくちゃ頑張っていらっしゃるのです。

これ以上頑張れないくらい頑張っているのに、「ポジティブに」とか「頑張る」と自分に言い聞かせるように口にする皆さんを見ていて、キュッと心が締め付けられることがあります。


僕は本来人間って、ネガティブな生き物だと思っているんです。

それはなぜかというと、人間は1日1日、死に向かって生きているから。

つまり、毎日、少しずつ年老いていくということですね。

髪や肌も衰えていくし、目も歯も弱くなったりするんです。

確実に衰えていっているのに、「今日の私は昨日とは違う最高の自分」とか、そんな言葉で自分を奮い立たせたとしても、死に向かっているんだから、ネガティブになるのが普通なんです。

咲き誇る花が枯れていくのと同じように、その過程のなかで「人恋しい」と思うのは当然のことなのです。

寂しくても「一線を越えてはいけない」その理由

僕は男心専門恋愛カウンセラーなので、ここで男心を語っていきたいと思います。**男も「寂しい」のは一緒。基本的にかまってほしくなります。**

わかりやすい言動が、やたら「疲れた」と言ってきたり、「ねぇねぇ○○」

と子どものように甘えてきたり、ボディタッチが増えてきたり……。
男性も相手からの愛情表現が欲しくなるから、あなた様との距離を近づけようとしてきます。

そんな彼をあなた様は見て、感じて、よしよししてあげて、お話を聞いてあげたくなる。自分の寂しさで呼応し、彼と共有したくなる。
俗に言う2人ぼっちというやつですね。
話を聞くのはいい。でも、ここでやはり**一線を越えてはいけない**ということを、声を大にして言いたい。

付き合っていればいいんですよ。でも、まだ付き合う前だったら、またはそのような関係性ではなかったら、**寂しさを身体で共有するのはやめたほうがいい**。これはすごく大切なポイントです。

「俺は寂しい」「私も寂しい」。だから、「じゃあ、いいよね」「うん」ではないんです。「私も寂しいよ、だから話を聞くね」って、身体ではなく言葉で一線を引けるあなた様になっていただきたいと思うのです。

もし、身体を求められても「それは付き合ってからだよ」と、彼の目を見て、ギュッと手を握って拒否するっていうことがとても大切です。

つまり、「寂しさ」に流されないことがとても重要になってきます。

もし、一時の「寂しさ」の共有で、話を聞いたあと、あなた様が心だけでなく身体も差し出して彼の思いに寄り添ったとしましょう。

このあとに起こりがちなのが、あなた様が寂しくなったときです。

私は彼に寄り添ってあげたのに、私が寂しいときには彼は全く寄り添ってくれないと、そういう不満が首をもたげてきます。

私はすべてを投げ出して彼のために尽くしているのに、なんで彼は私のちょっとした願いにも思いにも応えてくれないんだろう……。

これが負のスパイラルの始まりです。

相手がいないと「寂しさ」が埋まらなくなる状態は危険です。

「寂しさ」は生存本能だと思います。

生きていると自然に寂しくなるときがあるので、人は自然にネガティブになっていくものなのです。

でも、本能だからこそ、自分１人でコントロールしていけるようになってほしいと思うのです。

寂しさと向き合ってこそ、人間として前に進める

どうしても人はネガティブになっていくときがあります。

つまり、寂しくなったり悲しくなったり人恋しくなるのは当然ということを、まずは知っていただきたい。

そのうえで、僕は**喜びのスタンプカードを押していく**という言葉を使うのですが、「今日はこれができた」とか「ここに行けた」とか「これが食べられた」とか「あの人に会えた（見かけた）」とか「ちょっと運動できた」というように自分の心に、喜びのスタンプカードを押していくわけです。

無理に寂しさを超えていこうとか、乗り越えていこう、ネガティブになってはいけないと思わなくていいんです。

いうなれば、**寂しさや悲しさと一緒に進む**のです。

自分に芽生えた人恋しさと手を携えて歩きながら、楽しいものを見つけていくイメージと言えばわかりやすいでしょうか？

寂しさと一緒に街を歩きながら「最近の街路樹が色づいてきたね」とか「公園の池のアヒルが可愛いね」とか、心が癒されたり楽しいなと感じたりすることを探していく。ささやかな喜びを増やしていくっていうのが、寂しさや悲しさの処方箋なのではないかと思います。

僕自身、生きていて思うことは、自分の中に芽生えた寂しさや悲しさに自分なりに対処できる人ってステキだなということ。

昔、篠原涼子さんが歌っていた『恋《いと》しさとせつなさと心強さと』は、そんな気持ちを体現している歌だと思います。

恋しさとせつなさがあっても自分のなかの強さやしなやかさを大切にできたら、それが自分を大切にしているということです。

「寂しさ」は生存本能なので、あって当たり前。

そんな気持ちに寄り添って、自分とも、他者とも一緒に歩いていけることがステキ。それができることが、大人の魅力であり、恋愛の本質なのではないでしょうか。

おわりに

僕のカウンセリング経験をまとめた「男心攻略法」。

お読みいただき、いかがでしたでしょうか……？

もちろん、すべてが当てはまるわけではないと思います。

「こんなボディタッチできない」「こんな会話は思いつかない」……。そう思われる方もいらっしゃると思います。

ただ、どうか、そこで落ち込まないでください。あなた様が「できそうだな」と思い、そして、「男ってこんなことを考えているんだな」と、そう思っていただくだけで、あなた様は確実に幸せになる道を今も歩んでいるのです。

僕はこの本を書きながら、ずっと考えていたことがあります。

それは、「どうしてあなた様は彼と恋愛関係になる必要があったのだろう？」

ということです。

そこには隠されたメッセージがあると思ったのです。

何年も何万件もご相談を受けながら、僕なりにわかってきたことがあります。

今、恋愛で悩むすべての方へのメッセージ。

それは、「あなた様があなた様らしく1人でも生きていける覚悟をするために彼と出会ったのだ」ということです。


彼と出会ったことにより、あなた様自身はこれからどう生きていきたいのか、本当はどうしたいのか、今までの人生で一番といっていいほど、深く考えたのではないかと思います。

だからこそ、この本も読んでくださっているのだと思います。

そして、これから先のあなた様は、彼と生きていくためにも、自分なりに、誰かに頼らず自分の力で生きていける術を着実に身につけていきます。

その時点であなた様はすでに自立の一歩を踏み出されており、自分の道を1人でも生きていこうとする覚悟を持ったあなた様に、自然に変化しているはずなのです。

やがて成長したあなた様がもう一度、彼と向き合う日が、自然にやってきます。彼が成長する気がないのなら、あなた様との距離は開いていき、自然にこの関係は終わる日が来るのです。

ただ、そのときのあなた様は関係を終わらせる恐怖心も薄らいでいるはずです。

自分の力で生きていける自信と魅力を持ったあなた様のそばには、やがてあなた様に相応《ふさわ》しいパートナーが現れるからです。

すべての恋愛は、本当の自分とめぐり逢《あ》う最大のチャンスです。

運命の相手とめぐり逢うということは、つまり、本当のあなた様の生き方とめぐり逢うということです。

どうか、このチャンスを活かしてください。

自分の生き方の主導権を彼ではなく、自分で握ってください。

これからのあなた様の人生を決めるのは、彼の行動ではなく、あなた様の意志なのです。

最後になりましたが、出版社の方々、いつも応援してくださる皆さんに心から感謝いたします。

たくさんの方のおかげでこうして本を出すことができました。
あなた様の幸せな未来を心から応援しております。

晴人

晴人（はると）
男心専門恋愛カウンセラー。占い師。20歳から舞台役者として自身で 作・演出・出演した演劇作品を多数プロデュース。26歳で都内に稽古場、芸能学校設立と精力的に動くが、30歳のとき、パニック障害になり活動を休止。借金ですべてを失う。31歳から路上に座り「あなたの目を見て直感で言葉を書きます」というパフォーマンスを開始。新聞にも多数掲載される人気で再起。恋愛相談が続出したことから独学で男心専門恋愛カウンセラー&占い師に。YouTubeでも一気に人気チャンネルとなる。路上時代を含めると４万人以上と直接向き合ってきた圧倒的な経験から語る男心メソッドが多くの心をつかみ「彼の気持ちがわかった」「好きな彼と付き合えた」「復縁できた」と話題を集めている。現在はダンスエンタメ事業と占い事業二社の代表を務める。

本命《ほんめい》から100%溺愛《できあい》される、LOVE《ラブ》テクニック
男心《おとこごころ》のトリセツ

2025年２月20日　初版発行

著者／晴人《はると》

発行者／山下　直久

発行／株式会社KADOKAWA
〒102-8177　東京都千代田区富士見2-13-3
電話　0570-002-301（ナビダイヤル）

印刷所／TOPPANクロレ株式会社
製本所／TOPPANクロレ株式会社

●お問い合わせ
https://www.kadokawa.co.jp/（「お問い合わせ」へお進みください）
※内容によっては、お答えできない場合があります。
※サポートは日本国内のみとさせていただきます。
※Japanese text only

定価はカバーに表示してあります。

ISBN 978-4-04-607417-1　C0095